「明治礼賛」の正体

斎藤 貴男

表紙写真：日露戦争の「戦勝」を記念して建設された東京・新橋の凱旋門(1905(明治38)年．イマジンネット画廊所蔵／共同通信イメージズ提供)

岩波ブックレット No. 986

第1章　国策としての「明治礼賛」――〝明治一五〇年〟の年に

繰り返される「明治礼賛」

安倍晋三首相は何かにつけて「明治に学べ」「明治に倣《なら》おう」と叫びたがる。第二次政権が発足して最初に召集された第一八三回国会での施政方針演説（二〇一三年二月二八日）から、それは顕著になった。

「強い日本」。それを創るのは、他の誰でもありません。私たち自身です。

「一身独立して一国独立する」

私たち自身が、誰かに寄り掛かる心を捨て、それぞれの持ち場で、自ら運命を切り拓《ひら》こうという意志を持たない限り、私たちの未来は開けません。〔中略〕

「苦楽を与《とも》するに若《し》かざるなり」

身の独立を唱えた福澤諭吉も、自立した個人を基礎としつつ、国民も、国家も、苦楽を共にすべきだと述べています。

続いて二〇一三年一〇月一五日、第一八五回国会における所信表明演説。

「心志《しんし》あれば必ず便宜あり」

意志さえあれば、必ずや道は拓ける。中村正直《まさなお》は、明治四年の著書『西国立志編《さいごくりっしへん》』の中で、英国人スマイルズの言葉をこのように訳しました。〔中略〕

欧米列強が迫る焦燥《しょうそう》感の中で、あらゆる課題に同時並行で取り組まなければならなかった明治日本。現代の私たちも、経済再生と財政再建、そして社会保障改革、これらを同時に達成しなければなりません。

明治人たちの「意志の力」に学び、前に進んで行くしかない。明治の日本人にできて、今の私たちにできないはずはありません。要は、その「意志」があるか、ないか。

「強い日本」。それを創るのは、ほかの誰でもありません。私たち自身です。

二〇一五年二月一二日、第一八九回国会における施政方針演説。

「日本を取り戻す」

そのためには、「この道しかない」

こう訴え続け、私たちは、二年間、全力で走り続けてまいりました。

先般の総選挙の結果、衆参両院の指名を得て、引き続き、内閣総理大臣の重責を担うこととなりました。

「安定した政治の下で、この道を、更に力強く、前進せよ。」

これが総選挙で示された国民の意思であります。〔中略〕

明治国家の礎を築いた岩倉具視《ともみ》は、近代化が進んだ欧米列強の姿を目の当たりにした後、このように述べています。

「日本は小さい国かもしれないが、国民みんなが心を一つにして、国力を盛んにするならば、世界で活躍する国になることも決して困難ではない。」

明治の日本人に出来て、今の日本人に出来ない訳はありません。今こそ、国民と共に、この道を、前に向かって、再び歩み出す時です。皆さん、「戦後以来の大改革」に、力強く踏み出そうではありませんか。


そして二〇一八年一月一日に公表した「年頭所感」で、はたして安倍首相は――。

本年は、明治維新から、一五〇年の節目の年です。〔中略〕
一五〇年前、明治日本の新たな国創りは、植民地支配の波がアジアに押し寄せる、その大きな危機感と共に、スタートしました。
国難とも呼ぶべき危機を克服するため、近代化を一気に推し進める。その原動力となったのは、一人ひとりの日本人です。これまでの身分制を廃し、すべての日本人を従来の制度や慣習から解き放つ。あらゆる日本人の力を結集することで、日本は独立を守り抜きました。

〔中略〕

六年前、日本には、未来への悲観論ばかりがあふれていました。

しかし、この五年間のアベノミクスによって、名目ＧＤＰは一一％以上成長し過去最高を更新しました。生産年齢人口が三九〇万人減る中でも、雇用は一八五万人増えました。いまや、女性の就業率は、二五歳以上の全ての世代で、米国を上回っています。

有効求人倍率は、四七全ての都道府県で一倍を超え、景気回復の温かい風は地方にも広がりつつあります。あの高度成長期にも為しえなかったことが、実現しています。〔中略〕

未来は、私たちの手で、変えることができるのです。

すべては、私たち日本人の志と熱意にかかっている。一五〇年前の先人たちと同じように、未来は変えられると信じ、行動を起こすことができるかどうかにかかっています。

つくづく異様だ。仮にも一国の首相が、それも立法府の場で、人それぞれの価値観によって大きく評価が分かれる「明治」をこうも単純に絶対化し称揚を重ね、自画自賛にさえ直結させて、国民よ当時を見習え、と号令をかけるとは、どういうことなのか。

列挙した発言は氷山の一角に過ぎない。安倍氏はあらゆる場面を捉えては、「明治」や、当時の〝偉人〟とされる人物を礼賛してきた。国会で教育改革を論じるのに、維新の志士たちや、明治政府の要職に就いた元勲たちに強い思想的影響を与えた吉田松陰《しょういん》（一八三〇〜五九）を尊敬していると言い、彼の「学は人たる所以《ゆえん》を学ぶなり」という言葉を紹介して、〝規範意識〟の重要性を説いてみせたのは第一次政権時代のことである(二〇〇七年二月一日、衆院予算委員会)。

安倍氏の演説に登場した人物たちのうち、岩倉具視(一八二五~八三)は王政復古の立役者であり、〝維新一〇傑〟の一人とされている。公家の出身で、明治政府では廃藩置県を断行。当時の自由民権運動の高まりに対して欽定憲法を構想し、伊藤博文(一八四一~一九〇九)らによる大日本帝国憲法の起草へと繋《つな》げたのも岩倉だった。

福澤諭吉(一八三五~一九〇一)と吉田松陰については本書の構成上、必要に応じて言及することとする。なお中村正直(一八三二~九一)は明治前期の教育者で、後に初代文部相となる森有礼《ありのり》(一八四七~八九)や福澤、西周《にしあまね》(一八二九~九七)らとともに啓蒙学術団体「明六社《めいろくしゃ》」で活動した。

〝明治一五〇年〟という国策

明治天皇が即位し、慶応から明治への改元が行われたのは一八六八年だったから、二〇一八年がそれから一五〇年目に当たるのは間違いない。即位の日付は旧暦慶応四年九月八日だったが、後の世では改元の詔書に従い、この年の元日に遡《さかのぼ》って明治元年とされたことや、一八七二年の改暦で旧暦から新暦に切り替えられていることなど、細かな議論は尽きないものの、本書では措《お》く。明治を起点に考える限り、今年(二〇一八年)は確かに〝明治一五〇年〟なのである。

そこで安倍政権の下、政府は〝明治一五〇年〟に関わるキャンペーンを国策と位置づけ、地方自治体や民間企業・団体なども巻き込んで、その関連事業を大々的に推進している。二〇一六年一一月に内閣官房副長官を議長とし、各府省庁の大臣官房長や広報・報道官らを集めた「「明治一五〇年」関連施策各府省庁連絡会議」が設置され、ここで示された方向性を、内閣官房の「「明治一五〇年」関連施策推進室」が政策化していく形だ。

政府は二〇一八年の一〇月に記念式典を開くとも発表している。一九六八年の〝明治一〇〇年〟の時と同様に、改元の詔書が出されたとされる新暦一八六八年一〇月二三日から一五〇年目の一〇月二三日に予定されているのではないか。〝明治一〇〇年〟については後述する。

今回の政府の基本的な考え方は、①「明治以降の歩みを次世代に残す」、②「明治の精神に学び、更に飛躍する国へ」であるという。「各府省庁連絡会議」が、設置翌月の二〇一六年一二月には早くも決定していた。具体的には歴史的資料の収集・保存とデジタルアーカイブ化(内閣官房)をはじめ、神奈川県大磯市の旧伊藤博文邸を中心とする建造物および緑地約六万平方メートルの「明治記念大磯邸園」(仮称)としての整備(国土交通省)、〝明治一五〇年記念〟と銘打つ記念イベントの開催(警察庁、法務省、文部科学省、文化庁、厚生労働省、国土交通省)等々。二〇一八年八月からは記念の一〇〇〇円銀貨の受け付けが始まった(財務省)。

数え上げればキリがない。NHKの二〇一八年一月時点での集計によると、年内に国が主体の一四七事業、都道府県など地方自治体が主体の一〇一八事業が催されることになっている。個々の内容は前出「「明治一五〇年」関連施策推進室」のホームページ(HP)を参照されたい。

一連のキャンペーンに、ではどれほどの血税が投じられているかと言えば、それは不明だ。「関連施策推進室」に問い合わせると、「予算の総額は特にまとめておりません」。やむなく公開

内閣官房「明治 150 年」関連施策推進室のウェブサイト

されている資料を片端から当たったが、唯一見つかったそれらしい記載は、二〇一七年二月の第七回「「明治一五〇年」関連施策各府省庁連絡会議」の議事概要に残された、野上浩太郎官房副長官の挨拶のみである。

「各府省庁の御尽力により、関連施策は確実に増えてきており、平成三〇年（二〇一八年）度概算要求においても、「明治一五〇年」関連施策として明確に計上されている要求額が約一三億四九〇〇万円、内数《うちすう》で計上されているものを含めれば相当な額となっている」

一四七もある事業の総額が一三億円あまりとは、いかにも少ない。そう考え、この第七回会合で配布された関連施策の一覧表を見てみると、概算要求額が明記されているのは、「明治一五〇年記念世界青年の船」事業とか、「明治一五〇年を冠した全国警察柔道・剣道選手権大会」など、わずか一六事業だけだった。

八九の事業には金額の記載が一切なかった。残る四二事業が、野上氏の言う「内数」で処理されているのだが、これはたとえば、「ＪＩＣＡ（国際協力機構）と大学等との連携を通じた日本の開発経験の共有」（明治維新以降の経済発展や戦後の途上国支援の経験を踏まえ、途上国の発展への貢献および親日派・知日派人材の育成・強化を目的とする）という事業について、「独立行政法人国際協力機構運営費交付金」一六九七億三一三六万二〇〇〇円の内数、などと表記されていることを指す。ところが、この数字はまさにＪＩＣＡの運営費交付金の全額であり、そのうちのいくらを使ったかの内訳は公表されていない。ちなみに、ＪＩＣＡはＯＤＡ（政府開発援助）の実施機関である。

〝明治一五〇年〟キャンペーンの予算は青天井なのだ。常に財政危機が叫ばれ、近い将来における社会保障の削減や、消費税率のさらなる引き上げが当然視されるようになってしまっている中で、しかし、なぜか、この壮大な無駄遣いは国会でも追及されず、新聞などの批判にさらされるわけでもない。

福井国体も「明治一五〇年記念」

〝明治一五〇年〟は、あらゆるシーンを捉えては人々の生活に入り込んできつつある。ここでは二〇一八年九月から一〇月にかけて福井県で開かれる第七三回国民体育大会と第一八回全国障害者スポーツ大会に、「明治一五〇年記念」の冠称がつけられることになった経緯に触れておこう。

今回の福井県での国体と障害者スポーツ大会には、もともと「福井しあわせ元気国体」「福井しあわせ元気大会」の愛称が与えられていた。県の準備委員会が六年も前の二〇一二年に公募して、寄せられた七四四一件の応募作品の中から選ばれたものである。「幸福度日本一といわれる福井県で、県民の元気と創意を結集し、しあわせを感じ、元気があふれる国体を作り上げます」（福井国体ＨＰより）との趣旨だった。

ところが二〇一七年の七月になって突然、スポーツ庁が県の実行委員会に冠称の検討を打診。実行委は翌八月の総会で、これを受け入れると決定した。前日には福井県労連や県高教組など七団体が実行委に反対を申し入れ、また約二〇〇人が出席した当日の総会でも、県議の一人が「かつて多くのスポーツ選手が戦場に散った。明治一五〇年全体を美化するような冠称は、県民全体の合意は得られない」と論陣を張ったが、どちらも黙殺された。ただし「しあわせ元気」の愛称が撤回されるわけではなく、そちらを用いる場合には明治云々の冠称をつけないという。

福井県はそして、かねて計画していた「幕末明治福井一五〇年博」を、〝明治一五〇年〟を冠する国体と障害者スポーツ大会の文化プログラムの特別記念事業に位置づけた。幕末明治の福井と国体に何の関係があるのか、ますますわからない。はっきりしているのは、福井県の人、物、金は、こうして同じ方向に動き出したということだ。

現在の国体は戦後の一九四六年に「広く国民の間にスポーツを普及し国民の体力向上を図るとともに、地方スポーツの振興と地方文化の発展に寄与する」目的で京阪神地域で開催されたのが始まりで、以来、各都道府県の持ち回りで開かれてきた催しである。明治とは関係がない。あえて関連づけようとすれば、戦前の一九二四年に当時の内務省が、「明治天皇の遺徳を偲《しの》び、明治神宮に奉納する」として主催した「明治神宮競技大会」が、「明治神宮体育大会」「明治神宮国民

体育大会」「明治神宮国民錬成大会」と名称を変えながら戦下の一九四三年まで続いた、その前史に遡らなければならなくなる。

福井国体には、それでも〝明治一五〇年記念〟が冠せられた。地元紙『福井新聞』(二〇一七年八月二四日付朝刊)は、県実行委の決定を報じた紙面の「取材ノート」欄で、「開催が約四〇〇日後に迫った段階で唐突な印象が拭えない。誰のため、何のための冠称なのか」「県民一丸で成功させようとしている国内最大のスポーツの祭典が、関連施策にそぐうのか。単にスポーツ庁から打診されたからではなく、福井県として主体的な議論が必要だった」と違和感を伝えていたが、その後は論説らしい記事が掲載されていない。全国紙各紙や全国ネットのテレビ局は、当初からローカルニュース扱い以上でも以下でもなく、何らの問題意識を示したこともないままである。

「明治日本の産業革命遺産」が世界文化遺産になった内幕

安倍政権およびその周辺の人々はどうして、〝明治一五〇年〟などというものに夢中になり、人々の意識下に刷り込もうとしているのだろう。明治政府が進めた富国強兵・殖産興業政策はこの国に近代化をもたらしたが、一方では大日本帝国の形成を促し、後の植民地支配やアジア・太平洋戦争を招いたのではなかったか。足尾鉱毒をはじめ、戦後も水俣病やイタイイタイ病など住民を不幸のどん底に突き落とす公害を次々に発生させた源流も、そこに求めざるを得ない。少なくとも、二一世紀の指導者が手放しで讃えてよい時代ではなかったはずだ——。

本題に入っていく前に、明治礼賛言説の広がりについて、いましばらく検討しておきたい。二

○一五年の七月、ユネスコ（国連教育科学文化機関）の世界文化遺産に「明治日本の産業革命遺産製鉄・製鋼、造船、石炭産業」が登録された。鹿児島の旧集成館（島津斉彬《なりあきら》が推進した大砲鋳造、紡績など日本最初の様式産業工場群跡）をはじめ、長崎の高島炭坑や端島《はしま》炭坑（軍艦島）、三菱長崎造船所、福岡の三池炭鉱・三池港、官営八幡製鐵《せいてつ》所、岩手の橋野鉄鉱山など、九州・山口県を中心とする全国二三施設が対象とされている。

二三の施設には、しかも現在の山口県萩市にある萩城や萩の城下町、さらには幕末の兵学者・吉田松陰が主宰し、後の明治の元勲らを多く輩出した私塾「松下村塾《しょうかそんじゅく》」までが含まれた。やはり萩から選ばれた反射炉と恵美須ヶ鼻《えびすがはな》造船所跡、大板山たたら製鉄遺跡はともかく、工業地帯でもない街並みや民間の兵学塾は産業革命遺産とは言い難いので、萩市の担当者に尋ねてみると、こんな答えが返ってきた。

「尊王攘夷もありますが、松陰は海外の事情にも通じており、工学教育の重要性を説いていました。産業化の考え方の基礎を作った点が評価されたということです。城下町については、そのすべてではなく、萩の産業化は藩主の考えで進められたので城跡と、その下で実務に当たった武士たちが暮らしていた地域に限っています。

難局？　それはもう。二三施設の中には、まだ稼働しているものもあるので、文化財保護法の指定を前提とした従来の枠組みでは対応できなかったんです。それで二〇一二年に保全と企業活動の両立を図るため、同法以外の法律や所有者との協定等も活用できる新しい枠組みが定められ、稼働資産を含む場合は内閣官房が担当してくれるようになりました。国が積極的に動かないと、世界遺産登録なんて実現できるものではありません」（阿武《あんの》宏・歴史まちづくり部世界文化遺産課長）（拙稿「戦争経済大国への妄想ふたたび1／吉田松陰の幻影」『季刊ｋｏｔｏｂａ』二〇一六年冬号）

政府はユネスコへの推薦は年に一件だけに絞っている。今回も当初は文化審議会（文部科学相または文化庁長官の諮問機関）が推薦候補としていた「長崎の教会群とキリスト教関連施設」が有力だったのだが、内閣官房が相手では敵《かな》わない。最高権力の思惑が最優先された（教会群については、三年後の二〇一八年に晴れて「長崎と天草地方の潜伏キリシタン関連遺産」として登録されることになりはするのだが）。

〝明治一五〇年〟記念の冠と同様、国策に便乗して世界遺産に登録されれば強力な観光資源になり得る。当該地域の自治体が熱心になるのは自然の成り行きではあるのかもしれないが、内閣官房が地方の一自治体の地域振興のためだけに、そこまでやったというのは不自然だ。

大日本帝国と吉田松陰

言うまでもなく吉田松陰は、大日本帝国のシンボルに擬せられた人物である。明治改元を見る前に早逝したゆえか、後世の人々に絶えず都合のよい偶像に仕立て上げられ、戦時中は修身の教科書で忠君愛国の鑑《かがみ》とされた。

松陰は水戸学や国学に強く影響され、「天下は一人の天下にして、天朝の天下なり」と主張する天皇絶対主義者であった。一方では、萩城に藩庁を置いていた長州藩主・毛利家や徳川幕府と天皇家との関係を踏まえ、「幕府への御忠節は則《すなわ》ち天朝への御忠節で、これは決して二つのものではない」との言葉も残しており、明治維新というものの本質を物語っているようだが、松陰には同時に、アジア・太平洋への軍事的膨張《ぼうちょう》を叫んだ時期があった。奈良本辰也編著『吉田松陰著作選』(講談社学術文庫、二〇一三年)から、彼の『幽囚録《ゆうしゅうろく》』の原文の一部とその現代語訳を引く。

> 日升《のぼ》らざれば則ち昃《かたむ》き、月盈《み》たざれば則ち虧《か》け、国隆《さか》んなざれば則ち替《おとろ》ふ。故に善《よ》く国を保つものは徒《ただ》に其《そ》の有る所を失ふことなきのみならず、又其の無き所を増すことあり。
>
> 今急に武備を修め、艦略《ほ》ぼ具《そな》わり礮《ほう》略ぼ足らば、すなわち宜しく蝦夷《えぞ》を開墾して諸侯を封建し、間《すき》に乗じて加摸察加《カムサッカ》・隩都加《オコック》を奪ひ、琉球に諭し、朝観会同《てうきんかいどう》すること内諸侯と比《ひと》しからしめ、朝鮮を責めて質を納れ貢《みつぎ》を奉ること古の盛時の如くならしめ、北は満州の地を割き、南は台湾・呂栄《ルソン》の諸島を収め、漸《ざん》に進取の勢を示すべし

太陽は登っていかなければ傾き、月は満ちていなければ欠ける。国は盛んでいなければ衰える。だから立派に国を建てていく者は、現在の領土を保持していくばかりではなく、不足と思われるものは補っていかなければならない。

今急いで軍備をなし、そして軍艦や大砲がほぼ備われば、北海道を開墾し、諸藩主に土地を与えて統治させ、隙に乗じてカムチャツカ、オホーツクを奪い、琉球にもよく言い聞かせて日本の諸藩士と同じように幕府に参観させるべきである。また朝鮮を攻め、古い昔のように日本に従わせ、北は満州から南は台湾・ルソンの諸島まで一手に収め、次第次第に進取の勢を示す

べきである。

現実にも後の明治日本は、松陰の構想通りの膨張路線を突き進むことになっていく。維新新政府はそれまでの蝦夷地を「北海道」と改称し、一八七一（明治四）年には現在の札幌市に開拓使庁を置いて、本格的な開拓事業を始めた。先住民族アイヌの同化を図る「北海道旧土人保護法」が制定されたのは一八九九（明治三二）年だ。一九九七年に廃止されるまで、九八年間も続くことになる。

カムチャツカやオホーツクには及ばなかったものの、いわゆる琉球処分が一八七二（明治五）年。そして日清、日露の戦争に勝利して南満州の権益を獲得し、南サハリンと台湾を割譲させ、大韓帝国を併合した。傀儡《かいらい》国家・満州国（現在の中国東北部）の建国に至るのは満州事変を経た一九三二（昭和七）年、比島作戦によるフィリピン・ルソン島の占領は四一（昭和一六）年のことだが、日本のアジア植民地支配は、明治期にはかなりの完成を見ていたのである。

それだけに松陰は、大日本帝国時代の指導者層や、体制に従順な文筆家たちに神格化された。真珠湾攻撃翌年の一九四二（昭和一七）年一〇月に刊行された福本義亮『吉田松陰　大陸・南進論』（誠文堂新光社）は、松陰に大東亜共栄圏のいわば始祖としての役割を与え、こう評していた。

> いまや日本は世界の歴史を一転せしめんとしてゐる。即ち日本は正しく大陸に進出して、鮮、満、支一環となつて新東亜の新建設に乗り出してゐる。更に仏印〔仏領インドシナ〕・泰〔タイ〕

とも和親条約を結んで、遠くは南洋に進出し、更に太平洋を横断して、米の太平洋、英蘭の南洋を一手に収め、大東亜共栄圏の建設に、まつしぐらに心魂力を捧げてゐる。〔中略〕
松陰先生は、この世界の皇道仁義化といふ肇国《ちょうこく》精神の第一歩の植ゑ付け場所を、曰く、大陸・南進に求めてゐられたのである。そしてこれを日本人の聖血に求め、これを我が民族の雄略史に求めてゐられる。茲《ここ》に松陰先生の眞個日本的な雄渾なる大志があり、深遠なる哲理があり、崇高なる理想があり、千古不易の国策がある。

アジアでは、主権国家の境界も確定されていなかった頃の話だ。人間・松陰を、これだけの材料で判断したいとは思わない。指摘しておかなければならないのは、この種の松陰像が描かれる際に必ず引かれる『幽囚録』は、彼がまだ二三、四歳の若き日に、しかも下田に停泊していたマシュー・ペリー司令長官率いるアメリカ海軍東インド艦隊の軍艦に密航を企てて放り出されて自首し、屈辱と憤怒のなかで、江戸は伝馬町の獄中で綴った文章であったという事実。および、そこでの囚人や被差別者たちに対する松陰の態度は一貫してヒューマニズムに溢《あふ》れていたとするのは、前出・奈良本辰也氏（一九一三〜二〇〇一、元立命館大学教授＝日本近世思想史）の分析である。

ともあれ元「大日本帝国のシンボル」は、現代の日本で、再び表舞台に祭り上げられた。「明治日本の産業革命遺産」が世界遺産に登録された二〇一五年には、NHKが松陰の妹・文《ふみ》を主人公とする大河ドラマ『花燃ゆ』を放映していた。単なる偶然ではないように思えてならない。

ＮＨＫドラマと「明治礼賛」

同様の疑念は、やはり二〇一五年の下半期のＮＨＫ朝の連続テレビ小説『あさが来た』にも感じた。朝ドラ初の〝時代劇〟として好評を博した作品の主人公は、まさに富国強兵・殖産興業の時代を駆け抜けた女性実業家だった。報道によれば、制作発表の席でチーフプロデューサーが「女性の活躍が期待される今」云々と語る一幕があったという。「明治」の称揚に加えて「女性活躍」をスローガンに掲げる政権の意向に沿った国策ドラマだったことになる。主人公のモデルは三井財閥一族の令嬢・広岡浅子であり、彼女を支え続けたことになっている五代友厚《ごだいともあつ》（一八二五〜八五）は、イギリスの武器商人トマス・グラバーと通じた政商に他ならなかった。現実の女性たちが置かれている状況とかけ離れた設定が、近年のＮＨＫらしさもあって興味深い。

安倍政権の下で、だけではない。ＮＨＫは二〇〇九年から一一年にかけても、通常の大河ドラマとは桁《けた》違いの制作費を投入し、三部一三話から成る〝スペシャル大河〟『坂の上の雲』を放送している。国民作家と呼ばれた故・司馬遼太郎（一九二三〜九六）の代表作。日露戦争を縦軸に、四国は松山で生を受けた三人の男――陸軍大将・秋山好古《よしふる》、海軍中将・秋山真之《さねゆき》の秋山兄弟と俳人・正岡子規の人生を中心に、いわば国家の成長物語が描かれていく。

まことに小さな国が、開化期を迎えようとしている。

という書き出しに、〝明るい明治〟と〝暗い昭和〟を断絶させて捉えた、いわゆる司馬史観が凝縮されていると、しばしば指摘されてきた。司馬自身は最後まで映像化に慎重な姿勢を崩さなかったと伝えられるが、彼の死(一九九六年)後、司馬遼太郎記念財団とみどり夫人が許諾した。かくて放映されたドラマ版『坂の上の雲』の、初回のサブタイトルは「少年の国」だった。

映像化はいきなり実現したものではなかった。作品の舞台である松山市は一九九九年に中村時《とき》広《ひろ》市長(現・愛媛県知事)が登場して以来、作品のイメージを基本理念とする「『坂の上の雲』まちづくり」を推進してきている。二〇〇三年一月のドラマ制作発表までの間には、市と司馬遼太郎記念財団との基本協定締結や、内閣府の「全国都市再生に関する首長・有識者懇談会」における中村市長と小泉純一郎首相(当時)との意見交換などが行われた経緯があったし、翌〇四年一月には小泉首相自らが、松山市のまちづくり事業関連施設の視察も行っていた。

憲法改正を党是とする自民党が結党五〇年目にして初めて、具体的な条文案をまとめた「新憲法草案」を発表したのは、翌二〇〇五年の一〇月のことだった。その前年、ドラマ制作発表の翌年の〇四年六月には、ドラマの脚本を担当していた野沢尚《ひさし》氏が四四歳の若さで自殺したが、スペシャル大河『坂の上の雲』の企画は続行された。「新憲法草案」は、七年後の一二年四月、より強権的な「憲法改正草案」へと修正され、今日に至っている。

筆者はこうした流れについても取材したことがある。市の担当部長は「あくまでも地方分権の中で、特色あるまちづくりをしたいだけ」と強調していたが、地元でこの問題を追及している愛媛大学の矢野達雄教授(日本法制史)は、「これは改憲に向けて国民の思想を総動員するための一種の国策だと思う」と語った(拙稿「新・官僚支配5/競争原理が脅かす地方自治　加速化する「平成の大合併」で切り捨てられる人々」『現代』二〇〇五年三月号)。

『坂の上の雲』は、かねて企業経営者が愛読する〝バイブル〟のような小説だと言われてきた。ビジネス誌『プレジデント』編集部が一九九六年、全上場企業のトップを対象に「好きな司馬作品」を三つ挙げさせたアンケート調査でも、二位の『竜馬がゆく』に大差をつけるナンバーワン。この作品に対する彼らのコメントは、どれも驚くほど似通っていた。同編集部編『経営者八〇人が選ぶ「わが一冊」』(プレジデント社、二〇〇八年)によれば――、

「「人は時代の子」と言われますが、「明治」という時代には「坂の上」に浮かんだ「雲」を目指した武人(秋山好古・真之兄弟)、文人(正岡子規)たち彼ら青春群像の生き方には、時代と世代を超えて強い共感を覚えロマンに酔わされたものです」(東京海上火災・河野俊二社長)

「一昔前が舞台となっているが、明治の時代の将来への展望、理念を力強く表現している。これに比し現代の政治指導者は何を思うか」(日本セメント・北岡徹会長)

「未曽有の国家的危機に、政官民一体となって当たる日本の姿を描き、ナショナリズムの本質を教えてくれる。〔中略〕また、海外駐在のビジネスマンが読めば感動すること間違いなし(永谷園・永谷博社長)

なお肩書はいずれも当時のものである。コメントの多くは東京海上の河野氏のような、〝ロマン〟を強調したものだったそうだ。野党時代の自民党が前記の「憲法改正草案」をまとめた前後

に、現在の安倍首相が一般財団法人「産業遺産国民会議」の加藤康子専務理事にこう漏らしていたというエピソードも、とすれば同様の発想から導かれたのだろうか。

「君がやろうとしていることは「坂の上の雲」だな。これは、俺がやらせてあげる」(『週刊新潮』二〇一五年五月二一日号)

加藤六月《むつき》・元農水相(故人)の長女で、安倍氏の幼なじみでもある康子氏は、件《くだん》の「明治日本の産業革命遺産」の世界遺産登録に尽力した中心人物だった。最終局面では内閣官房の参与に任命されていた。

〝明るい明治〟、あるいは日露戦争当時を指して「少年の国」と位置づける自己イメージが語られる時、犠牲者たちの生命や尊厳が意識されることはない。戦場にされ、日本による植民地支配をもたらされた朝鮮半島や旧満州の人々、動員されて戦闘を強いられた国内の庶民たち……。人間・司馬遼太郎の本質はどうあれ、『坂の上の雲』という娯楽小説がその陥穽《かんせい》を免れていなかったのは、まぎれもない事実である。誰よりも本人が、戦争の美化に使われかねない惧《おそ》れを承知していたからこそ、彼の生前は映像化が許されなかった。

そこまで考えて、改めて「明治日本の産業革命遺産」を振り返ってみる。世界遺産の対象となった二三施設のうち七施設で、特に第二次世界大戦中、多くの朝鮮人が徴用されて過酷な労働を強いられた歴史があった。強制労働の事実そのものを認めていない日本政府は、しかもユネスコへは「幕末の一八五〇年代から一九一〇（明治四三）年までに急速な発展を遂げた重工業の産業遺産」という括《くく》りのストーリーで推薦したのだから考慮する必要がないとする主張を重ね、最終的にはそれが通った形になったが、後味の悪さばかりが残っている。

メディア・イベント〝明治一五〇年〟

〝明治一五〇年〟は、壮大なメディア・イベントだ。政府がマスメディアの総動員を当て込んでいるのはもちろん、国策に便乗した出版や放送はビジネスになる、と踏むメディア企業が次々に現れる。『産経新聞』や『読売新聞』『文藝春秋』『正論』『Ｗｉｌｌ』といった新聞・雑誌だけでなく、東海道新幹線のグリーン席に用意されているビジネス誌『Ｗｅｄｇｅ』、交通新聞社の『旅の手帖』等々が、相次いで特集を組み、増刊号やムックを出している。日本航空の国内機内誌『ＳＫＹＷＡＲＤ』の二〇一八年一月号に掲載された「明治一五〇年――山口県　長州、食の美、自然の美」など、深く考えずにいると、上質で、〝ロマン〟たっぷりの紀行文に読めてしまう。

> 明治改元から一五〇年。維新胎動の地と呼ばれる長州（山口県）のなかでも、押しも押されもせぬ心臓部となるのが萩。幕末の志士たちの思想的な拠り所となった吉田松陰が開いた「松下村塾」は、そのシンボルとして現存する。萩を訪れる度に、まずはここに足を運び、隣接する「松陰神社」に参拝する。〔中略〕

萩では今なお並々ならぬ敬意を込めて〝松陰先生〟と呼び習わし、一部の小学校では松陰（先生）語録が、朝のホームルームで朗唱されている。

紀行はこのあと、藩校明倫館《めいりんかん》や、老舗の割烹《かっぽう》が経営する河豚《ふぐ》料理のレストランの描写へと移った。宿舎は大正年間創業の日本旅館だ。現支配人の曽祖父は、松陰神社の建立に尽力し、市内に架かる橋の建設に私費を投じた人物だという。温泉に浸かったのち、甘海老のなめろうや、長萩《ちょうしゅう》和牛のコンビーフ、刺身、大皿に納まりきらないほどの甘鯛の焼き物を堪能して、この紀行文の書き手はこの項を結ぶのだった。

この間、それからこれ以降、ぬるめの燗をつけてもらった地酒と行動を共にした。松陰先生、こればかりはどうかご容赦くださいまし。

司馬遼太郎の『坂の上の雲』はもともと、一九六八年、『産経新聞』の夕刊に「明治一〇〇年」記念と銘打って連載された作品だった。それから半世紀、〝明治一五〇年〟のNHK大河ドラマは、西郷隆盛（一八二八〜七七）を主人公に据えた林真理子氏原作の『西郷《せご》どん』である。

祝日法を改正し、明治天皇の誕生日だった文化の日（一一月三日）を「明治の日」に改める目的で二〇一一年に設立され、「明治節奉祝の祝い」の開催や署名運動などを重ねてきた民間団体「明治の日推進協議会」（会長＝塚本三郎・元民社党中央執行委員長）の活動が勢いを増してきた。主要メンバーの中には、櫻井《さくらい》よしこ（ジャーナリスト）や伊藤哲夫（日本政策研究センター理事長）、高森明勅《あきのり》（日本文化総合研究所代表）、渡辺利夫（拓殖大学学事顧問）、西岡力（公益財団法人モラロジー研究所歴史研究室長）、加瀬英明（外交評論家）、小堀桂一郎（東京大学名誉教授）、百地《ももち》章（国士舘大学特任教授）各氏ら、保守系メディアの常連で、かつ安倍首相にも近い著名人が、大挙して参加している。戦後二九年を経てフィリピンのルバング島から帰還した小野田寛郎《ひろお》や、サウジアラビアやタイの全権大使などを歴任した元外交官の岡崎久彦らの各氏も、生前は代表委員を務めていた。

ちなみに政府は一年後に〝明治一五〇年〟を控えていた二〇一七年一月、明治期の国造りに題を採った映画やテレビ番組の制作に対する支援も検討していると発表している。一部の識者は「戦時中の国策プロパガンダ映画を連想する」と懸念を表明したが、なぜか続報がない。国を挙げての祝賀ムードは、マスメディアにも巨額の利益をもたらすことになる。

第2章　安倍政権が目指す二一世紀版「富国強兵・殖産興業」

「日本を、取り戻す」「この道しかない」の意味は

安倍政権は、なぜこれほどまでに「明治」を礼賛し、その価値観を国民に植えつけようとしているのだろうか。〝明治一五〇年〟より少し前までの安倍晋三首相が、ことさら強調したがった二つのフレーズが鍵を握っているように思う。ひとつは「日本を、取り戻す」だった。

もともとは二〇一二年九月、自民党総裁選で安倍晋三氏が掲げたキャッチコピーだ。彼が他を退けて総裁に就任すると、同じ謳《うた》い文句が同年一二月の総選挙でも使われ、それで自民党の圧勝、第二次安倍政権の誕生に至るや、「日本を、取り戻す」は、まるで党是のようになっていく。

もうひとつは「この道しかない」である。こちらも二〇一三年の二月、首相就任早々の安倍氏が、衆参両院の予算委員会で口にしたのが始まりだった。己の推進する経済政策以外にデフレ脱却への道はあり得ない、という文脈で、彼はその後の参院選や記者会見、所信表明演説（二〇一三年一〇月一五日）でも繰り返す。「景気回復、この道しかない」が自民党の公約になったのが一四年一二月の衆院選。翌々一六年七月の参院選では「この道を。力強く、前へ」と、経済の領域だけにとどまらない、安倍政権の絶対性を強調する標語にさえなっていたのは記憶に新しい。

「日本を、取り戻す」は二〇一五年いっぱいで、「この道しかない」も一七年あたりから、あまり使われなくなった。キャッチフレーズとしての賞味期限の問題というばかりではないように思う。この間にはそれらの言葉が本当に意味していたものが現実に近づいた。そこで次の段階、すなわち安倍氏にとっての理想である〝明治の再現〟をより際立たせ、広く国民大衆に植えつけ、挙国一致の国家目標として定着させる狙いがあるのではないか。

前章の冒頭に挙げた安倍氏の明治礼賛発言のうち、二〇一五年二月一二日の施政方針演説を想起されたい。彼は「日本を取り戻す」と「この道しかない」を並べて、前年末の衆院選での勝利は、それまで特に明確にしていなかった二つのフレーズの真意すべてが国民に信任されたとする旨の解釈をしてみせた。その上で、「国民みんなが心を一つにし」た国力増進をと叫んだ岩倉具視の話に繋げ、「明治の日本人に出来て、今の日本人に出来ないわけはない」云々と結んでいた。

安倍氏の〝取り戻したい日本〟が、ここで初めて明確に示された。いわゆる〝一億総活躍〟——一億総動員体制による国力増進。そして二〇一八年、いよいよ〝明治一五〇年〟の年頭所感で彼は、自らの経済政策を自画自賛することで、「この道」の行く末をも満天下に布告した気になったつもりでいるのではないかと考える。行く末とは、二一世紀版の富国強兵・殖産興業だ。

そこまで言い切って差し支えないと判断する理由は、言葉の解釈ではない。〝明治の再現〟を批判する場合、通常はたとえば教育現場における日の丸や君が代の強制や、道徳の教科化による〝愛国心〟の評価、ついには教材に教育勅語を使用することを容認した二〇一七年三月の閣議決定などが挙げられることが多いが、こうした動きだけでは、根拠とするには不十分だろう。

そうではなく、すでに富国強兵・殖産興業を目指す経済政策は実際に推進されてきている。戦争放棄を定めた九条をはじめとする憲法改正への潮流は周知の通りだ。それこそ哲学や歴史学をはじめ、あらゆる分野の英知をよほど結集して解決策を見出す努力を重ねていかない限り、打開し難い現実は確かに存在する。ただ、その状況を富国強兵・殖産興業しかないと短絡してしまうところが、いかにも安倍首相の、いや、この国の政治らしいところである。

グローバルビジネスの展開とカントリー・リスク

安倍政権の経済政策「アベノミクス」の柱のひとつに、なぜかあまり報じられない、重要なメニューがあった。インフラシステム輸出がそれである。〝三本の矢〟などと称される金融政策、財政政策、成長戦略のうち、三番目の成長戦略の一環だとされている。

インフラストラクチュア(社会資本)の整備が遅れがちな新興成長国群に対して、計画的な都市建設や鉄道、道路、電力網、通信網、ダム、水道などのインフラを、コンサルティングの段階から設計、施工、資材の調達、完成後の運営・メンテナンスまでを「官民一体」の「オールジャパン体制」(大量の公表資料で強調されている形容)で受注し、手がけていく。民主党政権下では「パッケージ型インフラ海外展開」と称されていた国策を、第二次安倍政権がリニューアルしたものだ。

インフラシステム輸出の中核には原発の輸出が位置づけられている。福島第一原発事故にもかかわらず、だから安倍首相や事故から間もなかった時期の菅直人首相による海外でのトップセールスに批判的な報道がなされる場面もあるにはあったものの、原発輸出はそれだけで終わらず、インフラシステム輸出の要である実態が忘れられてはならないのだ。最近は経営危機に陥った東芝が海外での原発事業から撤退したり、日本原子力発電が受注したベトナムの原発計画が建設コストの増加などで白紙撤回されたり、日立製作所の受注が確実視されていたリトアニアの計画が国民投票で否決されて凍結されたりと、逆風が吹いてもいるようだが（『東京新聞』二〇一八年五月二二日付朝刊など）、インフラシステム輸出の国策にはいささかの修正も改善もない。

安倍政権はしかも、民主党政権時代にはなかった独自の要素を組み入れていた。「資源権益の獲得」および「在外邦人の安全」である。

前者は、相手国に地下資源が豊富なら、それらを有利な条件で回してもらおうという発想だ。よほど友好的な関係を築けてこそのインフラシステム輸出なのだから、可能性は小さくないのかもしれない。ただし「資源の呪い」という言葉もあるように、豊富な地下資源には紛争リスクが付きものである。丸腰の日本人労働者やビジネスマンは、時にテロの標的にされかねない。国策である以上、政府は〝産業戦士〟としての彼らを、国家として守る必要が生じる。それが後者だ。

象徴的な事件が発生したのは、第二次安倍政権が誕生して間もない頃だった。二〇一三年一月、アルジェリアの天然ガス精製プラントが武装グループに襲撃され、外国人労働者ら約四〇人（うち一〇人がエンジニアリング会社「日揮《にっき》」に雇用された日本人）が殺害されている。安倍首相は直ちに自民・公明の両党にプロジェクトチーム（ＰＴ）設置を指示し、陸上自衛隊出身の中谷元《げん》衆議院議員（後に防衛相）を座長に就かせた。

ＰＴの議論はあのような事態における自衛隊の行動に収斂《しゅうれん》した。緊急時に在外邦人を救助するための陸上輸送を可能にした同年一一月の自衛隊法改正は彼らの報告書に基づいていた。

いずれ現地に赴く隊員らの武器携帯の是非をめぐる論争に発展するのは必定だ。筆者が報告書の公表を受けて取材した中谷氏との一問一答を再録したい（拙著『戦争のできる国へ　安倍政権の正体』朝日新書、二〇一四年など）。

――自衛隊法の改正はインフラの海外展開が国策になっていることとの関係で捉えて構いませんか。

「そうですね。カントリー・リスク対策の一環ということで。先進各国は、特にアメリカでは企業が海外で自由にビジネスをやる。何かあれば軍隊が飛んできて安全を確保してくれます。フランスだって武装したガードマンが常に配置されている。それが国際社会なんです。これまでの日本はそんなこともできなかった。イラクやインド洋に自衛隊が派遣された時みたいにその都度、特措法を作らなくちゃいけない」

――この種のリスクは必然的に高まってくる、と。

「科学技術立国の日本は、世界のトップランナーです。企業はどんどん外に出掛けて行って貢献すべきでしょう。われわれは政府として、その人たちをどう支援するのかを考える。

日揮にもヒアリングしましたが、勉強になったのは、現地の危険情報や退去勧告を、日本は早く出し過ぎると言うんだね。それで現場を放棄している間に、中国や韓国に大きな仕事をかなり取られてしまってきたと。人命の尊重は当然ですが、国際社会では命を懸けて、覚悟をしながら企業活動をしている国々があるのだという現実から目を背けてはならないと思う」

――最後は憲法の問題になりますか。与党内でも公明党は改憲に慎重だと聞いています。

「こういう話はいつも憲法の壁にぶつかるんです。〔後略〕」

グローバルビジネスと国家安全保障の議論が、いつの間にか一体になっていた。次のような公開情報もある。企業経営者が個人の資格で参加する財界団体「経済同友会」が二〇一三年四月にまとめた提言「『実行可能』な安全保障の再構築」だ。集団的自衛権と憲法の関係を検討する目的で第一次安倍政権が設置した首相の私的諮問機関「安全保障の法的基盤の再構築に関する懇談会」（安保法制懇、座長代理＝北岡伸一国際大学学長〈当時〉）が、その行使容認に大きく傾く以前のタイミングで公表されたものである。

それによれば、「国民経済の基盤を世界各国との通商に求める日本にとって」、問題になるのは「憲法や『専守防衛』など独自の安全保障概念による制約」だと断じ、「現在のわが国にとって『自衛』とは何を意味するのか」を「明確に定義すべきである」と強調。この際、守られなければならない「国益」には三通りの考え方があるとして、それぞれの定義を列挙していた。

①　狭義の「国益」（領土、国民の安全・財産、経済基盤、独立国としての尊厳）

②　広義の「国益」（在外における資産、人の安全）

③　日本の繁栄と安定の基盤を為す地域と国際社会の秩序（民主主義、人権の尊重、法治、自由主義、ルールに則った自由貿易）

いずれの定義を採用するべきだとまでは書かれていない。だが前後の文脈から、経済同友会が少なくとも②、おそらくは③の解釈に立っているとは容易に推察できる。③が採られた場合、グローバルビジネスの価値観に従わない存在は日本の国益を損なうので、「自衛権」を行使してこれに対抗すべき対象であり、攻撃目標にもなり得ることになってしまう。

まさかそこまで、と思われるだろうか。だが財界が同様の趣旨の発想を公にしたのは、これが初めてではない。一九七〇年代末のイラン革命で、イラン政府と三井グループが合弁でペルシャ湾岸のバンダルシャプール（現・バンダルホメイニ）に建設していた世界最大級のコンビナート「イラン日本石油化学」（ＩＪＰＣ）が危機にさらされ、三井グループが巨額の損失の計上を余儀なくされた当時から、一部のタカ派財界人の間でくすぶっていた主張が、二〇〇〇年代に入り、9・11同時多発テロや、これを受ける形で叫ばれた〝対テロ戦争〟の最中《さなか》に噴き出した。

二〇〇三年にやはり経済同友会、〇四年には日本経済調査会（日経調。経団連、日本商工会議所、経済同友会、日本貿易会の協賛で設立された調査研究機関）が、それぞれ憲法改正に向けた提言を行った。当然のことながら、軍事力を行使できる権限の拡大による〝国家安全保障〟の強化が叫ばれる時、そのモチベーションが海外からの侵略に対する国土防衛とか領土の保全などといった、単純でわかりやす過ぎる問題意識だけであるはずもない。そうしたテーマに責任を負っているわけでもない経済同友会が、かくも情熱的に集団的自衛権や〝国益〟を論じたがることの意味を、私たちは検討し、理解しておくべきなのではあるまいか。

財界が求める憲法改正

二〇一七年五月八日には、〝財界総本山〟の日本経団連までが、憲法改正のための委員会を発足させた。榊原定征《さだゆき》会長(当時)が記者会見で、「平和憲法の精神を継続した上で自衛隊の存在意義を明確にすべきだ」と述べたのである。同氏が「〔二〇一七〕年内にも」と語った取りまとめは、ただし一八年八月現在、まだ実現していない。

それはともかく、経団連の方針発表は、明らかにその五日前、憲法記念日の五月三日付『読売新聞』朝刊に載った「首相インタビュー」を意識したものだった。安倍氏はこの際、「東京オリンピックが開かれる二〇二〇年を新しい憲法が施行される年にしたい」「九条一項、二項をそのまま残し、そして自衛隊の存在を記述する」などと発言。まだ民主党に政権があった二〇一二年四月二七日、翌日がサンフランシスコ講和条約と日米安全保障条約が同時に発効して六〇年目に当たるタイミングで自民党が発表した「日本国憲法改正草案」とはやや方法論が異なるが、特に深く考えていない有権者にはソフトにも響く表現までが、榊原発言には忠実に反映されていた。

自民党と財界、とりわけ安倍氏周辺との一心同体ぶりがよくわかる。そう言えば前出の日経調の提言も、安倍氏を囲む財界人たちの集まり「四季の会」の中心とされるJR東海の会長だった葛西敬之《かさいよしゆき》氏(現・名誉会長)を委員長とした「葛西委員会」によって報告されたものだった。

また、二〇〇三年に経済同友会の提言をまとめた「憲法問題調査会」の高坂節三《こうさかせつぞう》委員長(当時。元伊藤忠商事常務、元栗田工業常務)には、筆者自身が取材している。彼はＩＪＰＣのエピソードも交えながら、こう語っていた。

「たとえばペルーの人質事件〔一九九六年一二月に首都リマの日本大使公邸がトゥパク・アマル革命運動の戦闘員らに占拠され、天皇誕生日を祝うパーティに出席していた四〇〇人以上を人質として獄中の同志らの解放や経済政策の変更などが要求された事件。翌九七年四月、軍と警察の特殊部隊による強行突入で終結した。占拠グループ一四人は全員殺害、人質一人と兵士二人が死亡した〕。最後まで人命第一主義で通そうとした日本政府は、誘拐を奨励するのかと世界中の批判を浴びましたよね。実際フジモリ大統領は、交渉の努力をしますと言いながら、陰では〔突入のための〕トンネルを掘っていたわけです。

人質を取られたのがアメリカだったら、ずいぶんと手荒いですよ。航空母艦で沖まで行って、飛行機を飛ばすぞ、とやるのではないか。そんなふうだから攻撃されるんだという意見もあるけれども、われわれにしてみたら、国の姿勢がはっきりしているというか。

マニラで三井物産の支店長が誘拐されたり、住友商事の支店長が殺されたりもしました。日本のプレゼンスが高まる、金持ちになるというのは、そういうことなんです。でも危ないからといって手を引いてたら商売は続かない。油も売ってくれなくなります。

アメリカの企業だと、海外駐在はリスクも伴うがリターンも大きいよと知らされた上で、行く行かないを本人に選択させる。コロンビアのGM〔ゼネラル・モーターズ〕の社長などは、いくら危険でもお手伝いさんが使え、手当もいいからここがいいと言って、その代わりいつも機関銃を持った護衛をつけて、防弾車で走り回っていました。日本の場合は〝悪いようにはせんから、ちょっと危ないかもしれんけど駐在してくれ〟。で、何か起こると〝もう早く帰ってこい〟と、こう

いうスタイルなんですね（笑）」（前掲『戦争のできる国へ　安倍政権の正体』など）

少子高齢化を背景に推進される「インフォーマル帝国主義」

急にも見える近年の財界の動きには、長い助走期間があったのである。彼らの発想は、第二次世界大戦の戦勝国だった米英仏が戦後も採り続けてきた姿勢とあまり変わらない。多くの国民が過去の戦争を深く反省した結果、少なくとも表向きは経済と軍事力の行使を直結させずにきたはずの戦後の日本が、ここへ来て大胆な方向転換を実行に移しつつある理由は明白だ。

少子高齢化である。国立社会保障・人口問題研究所の推計によれば、二〇六五年の日本の人口は一五年現在の一億二七〇九万人より三割減の八八〇八万人となり、一人の高齢者を一・三人の現役世代（一五〜六四歳）で支えなければならない計算になるという（二〇一五年は二・三人。一九六五年は一〇・八人だった）。少子化は一〇〇年後も収まらないと見られ、これほど長期的・恒常的な人口減少は史上初めてのことだとされる。

現時点でも子育てが大変だなどというレベルでさえなく、結婚以前に親がかりでない若者の生活そのものが困難になってしまった時代。背景には新自由主義に基づく構造改革の進展に伴う階層間格差の拡大やワーキング・プアの増加、にもかかわらず一向に進まない待機児童対策の問題などが挙げられようが、こうした課題に対する政財官界の取り組みはきわめて鈍い。代わりに導かれたのは、「インフラシステム輸出」の国策だった。

彼らの関心は、もっぱら巨大企業の利益にある。消費人口が減れば内需の縮小は必定で、それでも成長を求める企業は外需の開拓に道を求めるが、民間に任せるだけでは国内に還元されにくい。「官民一体」の「オールジャパン体制」で、世界中のインフラ市場を攻略していけば――。

そうするためには、軍事力の後ろ盾が欲しくなるのは必然だ。これでは帝国主義ではないか。少子高齢化であるからには、もちろん大日本帝国時代の日本でしばしば用いられた、〝過剰人口のはけ口〟などという海外侵略の正当化は成立し得ない。過剰資本のはけ口としての外需、という帝国主義の本質が剝《む》き出しの形で、ただし自由貿易の名の下に植民地経営のリスクは背負わずに、非公式《インフォーマル》な市場支配だけを追求する。戦後七〇年以上が経過し、この間に手に入れた東西冷戦の〝戦勝国〟らしい振る舞いをしたくなった日本、と考えるとわかりやすいかもしれない。

ちなみに「インフォーマル帝国主義」というのは、主にアメリカの経済構造に対して、一九六〇年代以来、しばしば与えられてきた国際関係論の用語だ（菅英輝編著『アメリカの戦争と世界秩序』法政大学出版会、二〇〇八年など）。安倍首相が第一次政権当時にしばしば口にした「普遍的な価値観を共有しているわが国とアメリカ」などという決まり文句とも符合する。

ここにおいて、新自由主義《ネオリベラリズム》と新保守主義《ネオコンサバティブ》は補完し合い、融合するのである。その様相と富国強兵・殖産興業の関係とは、ほぼ一致した。

〝名誉白人〟を目指し続けて

なぜ〝明治一五〇年〟なのかが明白になってきた。〝大正一〇〇年〟だった二〇一二年が特に大きな話題にならなかったのも、来たる二五年の戦後八〇年のほうが翌二六年の〝昭和一〇〇年〟より注目されるに違いないことも、目下の体制にあっては、きわめて自然なことである。デモクラシーの高揚期や戦争への暴走と反省の過去に学ぶ必要を、彼らはほとんど感じていない。

明治の〝価値〟は、帝国主義だけではなかった。改めて指摘するまでもないが、日本の近代化は欧米列強、とりわけ英米の支援があってこそ成し遂げられている。こちら側の努力で植民地化を防いだというのも事実なら、むしろ独立は維持させておいて利用する道を選択したあちら側の意向の産物だった側面が否めないのも事実だ。

一九〇四(明治三七)年二月から翌〇五年九月まで行われ、〝白人に有色人種が勝った最初の戦争〟などと誇らしげに語られることの多い日露戦争が好例である。ロシアの南下を恐れた日本海軍の奇襲で火ぶたが切られたこの戦争で日本は、やはりロシアに中国での権益を侵食される危険を感じていた英米から巨額の戦費を調達しており、講和条約であるポーツマス条約でもその実績が日本側の後ろ盾になっていた。筆者には気になって仕方のない言葉がある。米国防総省職員や韓国政府の技術顧問を務めた経歴を持つソウル出身の知識人・鄭敬謨《チョンギョンモ》氏(一九二四年生まれ)が、二〇〇六年頃、私に大要こんなことを話してくれたのだ。

「日清戦争でも日露戦争でも、日本は欧米列強のサロゲート(代理人)として戦い、彼らのアジア侵略の先兵として機能しました。明治維新以来の〝脱亜入欧〟の旗の下で同じアジア人を売ることで峠《とうげ》を上り、〝名誉白人〟として振る舞うことで民族の矜持《きょうじ》とアイデンティティを維持してきた国なのです。その白人様に裏切られ、峠から転がり落ちたのが太平洋戦争ではあったけれども、戦後は再び、同じように生き続けていますね」

思い込みや感情的な議論ではない。吉田松陰、辛未洋擾《しんみようじょう》から江華島《こうかとう》事件（雲揚号《うんようごう》事件）に至る経緯、桂―タフト密約……と、具体的な史実を示しつつ語る鄭氏の歴史認識は説得的だった。

翻って現代。安倍政権の対米従属ぶりは周知の通りだが、安倍氏とはイラク戦争当時の二〇〇四年に対談本『この国を守る決意』（扶桑社）を出版したこともあり、本書の第1章の終わりで触れた「明治の日」制定運動の中心人物の一人でもあった元外交官の故・岡崎久彦氏が、鄭氏と同じ事実を日本の保守の立場から論じていた文章とインタビューがあるので紹介しておきたい（『産経新聞』二〇〇三年三月二五日付朝刊「正論」）。

> 小泉純一郎総理のイラク攻撃支持表明は近来の快挙であった。戦後半世紀、日本政府が、これほどはっきりと日米同盟支持を打ち出したのは全く初めてと言ってよい。〔中略〕資源の乏しい島国である日本が国民の安全と繁栄を守るには、七つの海を支配しているアングロ・アメリカン世界と協調する他ない事は、明治開国以来一世紀半の日本の地政学的条件である。

この半年前、アメリカによるイラク攻撃が確実視され始めていた時期にも、彼はすでに語っていた（『産経新聞』二〇〇二年九月一四日付朝刊）。

> ――日本の現状をどう見るか。

「世界全体が変わるかもしれないときに、国連決議がどうとか、テロ対策特別措置法が適用できるかどうかなど、お茶の間的議論をいっても始まらない。枝葉末節であり、日本国民の安全と繁栄を考えれば論ずるに値しない。〔中略〕世界的な「アメリカ帝国」ができようとしているのだ」

絶対的存在としてのアングロ・アメリカへの盲目的隷従と国民世論の軽視。安倍首相の行動原理は、この岡崎氏の認識をそのままなぞっているかのようだ。

戦争やテロ、武器輸出も貿易保険の対象に

インフォーマル帝国主義への体制固めは、その後も着々と進められている。二〇一四年四月に可決・成立し、一〇月に施行された改正貿易保険法は、当時は独立行政法人だった「日本貿易保険」（ＮＥＸＩ、二〇一七年度から全額政府出資の特殊会社）の機能強化を謳い、「日本企業の海外子会社等による事業活動支援」や「国内の損保会社からの再保険引受」などとともに、「戦争やテロリスクへの対応」を新たに盛り込んだ。ＮＥＸＩの広報資料によれば、それは「プラント建設地における戦争、革命、内乱（テロ）の発生によって輸出時期が遅れる又はプラント建設が中断するなどした場合の、輸出者等が新たに負担する費用について、法改正により新たに貿易保険の対象として加わりました」とのことである。

貿易保険というのは、民間では引き受けにくいカントリー・リスクを伴う貿易や対外直接投資のために、公費で運営されている損害保険だ。経済産業省の担当課長に話を聞くと、「いずれもアベノミクス三本目の矢である成長戦略のうち、インフラシステム輸出を推進していく国策の一環です。対象を拡大したのは、アルジェリアで起こったあの痛ましい事件を受けて、関係する企業からの強い要望に応えました。従来は本来の債権が回収できない場合だけが対象で、追加費用まではカバーしていなかったので」(前掲「戦争経済大国への妄想ふたたび1／吉田松陰の幻影」)。

先述のアルジェリア天然ガス精製プラント襲撃事件(本書二七頁参照)を契機に、戦争やテロを前提としたインフラシステム輸出体制は、こんな形でも整備されつつある。担当課長の言う「企業からの強い要望」は首相官邸に設置された「在留邦人及び在外日本企業の保護の在り方等に関する有識者懇談会」(座長＝宮家《みやけ》邦彦・元外務省大臣官房参事官)に寄せられたのだったが、同懇談会ではアルジェリア事件の際にプラント資本の本国であるイギリスから派遣され、現場で救出活動を指揮したOLC(Operational Liaison Coordinator＝作戦連絡調整官。元軍人が多いとされる)のような存在を、今後は日本企業の海外進出先にも置くべきだとする議論も持ち上がっていた(議事録による)。そこまでしてやらなければならないほどの国策なのか否かの議論はなされていない。

政府はややあって、武器輸出をも貿易保険の対象としていく方針を決めている。『東京新聞』二〇一五年九月二三日付朝刊がスクープし、筆者自身も経済産業省に確認した。従来は原則的に禁止されていた武器輸出を原則容認に転じた一四年四月の「防衛装備移転三原則」の閣議決定に伴う、武器輸出企業に対する国策支援制度だ。

安倍首相の「戦後七〇年談話」をどう見るか

安倍晋三首相の「戦後七〇年談話」が発表されたのは、二〇一五年八月一四日のことである。「終戦七〇年を迎えるにあたり、先の大戦への道のり、戦後の歩み、二十世紀という時代を、私たちは、心静かに振り返り、その歴史の教訓の中から、未来への知恵を学ばなければならないと考えます」と切り出された〝談話〟は、各方面に対して一定の配慮がなされてはいたものの、よく読むと、彼が将来のこの国をどのような姿にしていきたいのかが、浮き彫りにされていた。

当時を振り返ると、「植民地支配」「侵略」「痛切な反省」「心からのお詫び」といった〝キーワード〟を取り沙汰する報道が目立っていた。一九九五年の村山富市首相談話が掲げたこれら四語に対する嫌悪感をかねて露わにしていた安倍首相だったが、最終的にはいずれをも網羅する形が採られ、曖昧さは残るものの、どの立場にも一応の評価を受け得る体裁に練られている、との感想が多数派のようだった。

はたしてそうか。安倍氏は確かに四語とも使ってみせてはいた。だが、どれもこれもが引用か一般論にとどめられ、決して自らの言葉にはしようとしていない。筆者にはどこまでも、世間体だけを気にした、口先三寸のアリバイにしか思えなかった。

こんな具合だった（傍点は引用者。以下同）。全文における文脈は首相官邸のＨＰを参照されたい。

一〇〇年以上前の世界には、西洋諸国を中心とした国々の広大な植民地が、広がっていました。圧倒的な技術優位を背景に、植民地支配の波は、一九世紀、アジアにも押し寄せました。その危機感が、日本にとって、近代化の原動力となったことは、間違いありません。

しかし、やがて世界恐慌で欧米諸国が植民地経済を巻き込んだ経済のブロック化を進めたため、日本経済は大きな打撃を受ける。行き詰まりを「力の行使」によって解決しようと試み、「戦争への道を進んで行きました」「何の罪もない人々に、計り知れない損害と苦痛を、我が国が与えた事実。歴史とは実に取り返しのつかない、苛烈なものです。一人ひとりに、それぞれの人生があり、夢があり、愛する家族があった。この当然の事実をかみしめる時、今なお、言葉を失い、ただただ、断腸の念を禁じ得ません」などとした後、安倍氏はこう続けた。

事変、侵略、戦争。いかなる武力の威嚇や行使も、国際紛争を解決する手段としては、もう二度と用いてはならない。植民地支配から永遠に訣別し、すべての民族の自決の権利が尊重される世界にしなければならない。〔中略〕

我が国は、先の大戦における行いについて、繰り返し、痛切な反省と心からのお詫びの気持ちを表明してきました。

本書ではさらに、大手メディアではあまり論じられなかった箇所にも指摘を加えたい。以下の結びについて、である。

私たちは、経済のブロック化が紛争の芽を育てた過去を、この胸に刻み続けます。だからこそ、我が国は、いかなる国の恣意にも左右されない、自由で、公正で、開かれた国際経済システムを発展させ、途上国支援を強化し、世界の更なる繁栄を牽引してまいります。繁栄こそ、平和の礎です。〔中略〕

わが国は、自由、民主主義、人権といった基本的価値を揺るぎないものとして堅持し、その価値を共有する国々と手を携えて、「積極的平和主義」の旗を高く掲げ、世界の平和と繁栄にこれまで以上に貢献してまいります。

これはまさしく、経済のグローバリゼーションこそ人類普遍の真理と断じた発言だ。だが、それは絶対無二の価値なのか。〝繁栄〟を絶対条件とする認識も齟齬《そご》はないのだろうか。

そんな疑問を、明治大学文学部の山田朗《あきら》教授（日本近代史）にぶつけてみた。近年のいわゆる歴史修正主義を批判し続けている歴史家だ。

「ブロック経済という表現は、歴史学ではまず使われません。確かに一九二九年の世界恐慌に対応して欧米各国が植民地経済のブロック化を進め、だから日本も対抗上、海外に膨脹していかざるを得なかったという捉え方は、同時代人の実感に近かったのかもしれないし、今日もよく聞かれる俗説ではありません。ＡＢＣＤ包囲網のせいだというのと一緒で、被害者としての日本を訴えようとする認識ですね。

しかし実際には、日本の膨張は恐慌以前からの話です。満州事変は突然に起こったわけではなく、蔣介石《しょうかいせき》の北伐《ほくばつ》〔全国統治を図った北京政府や各地軍閥との戦争〕に乗じた一九二七年の山東出兵、翌二八年の張作霖《ちょうさくりん》爆殺などの前段を経ているのですから。

あの談話は明確な歴史認識に基づいたものではありません。まず目的ありきで、現在の政策を進めるのに都合の良いことだけを言っている。開かれた国際経済システム云々なんて、TPP(環太平洋パートナーシップ協定)で国内経済や社会に厳しい結果が出るのを見越して、正当化するのも狙いでしょう」(前掲「戦争経済大国への妄想ふたたび1／吉田松陰の幻影」)

思わず経済同友会の提言を連想した。集団的自衛権の行使容認を求める内容は、本章でも取り上げ済みである(本書二九―三〇頁参照)。

あの提言は、「国益」なるものに三通りの定義の可能性を列挙してみせていた。繰り返すが、彼ら自身はこのうち、③「日本の繁栄と安定の基盤を為す地域と国際社会の秩序(民主主義、人権の尊重、法治、自由主義、ルールに則った自由貿易)」を国益と捉える考え方を採用したいはずだ。そして戦後七〇年談話を聞き、あるいは読む限り、安倍首相がともに〝平和〟を享受したいのは、その〝日本の繁栄と安定の基盤を為す地域と国際社会の秩序〟――換言すればアメリカの価値観に基づく世界秩序――に自国と同様、無条件で服従する国家なり集団に限られるのではないか。

件の四つのキーワードを、ともかくも盛り込んではおきながら、どこまでも他人事に徹した態度の意味がわかってくる。すぐに底が割れる程度でしかないとはいえ、よく計算されたスピーチ原稿だったことは間違いない。そう言えば、「戦後七〇年談話」に向けた議論の場として首相官邸に設置されていた有識者会議「20世紀を振り返り21世紀の世界秩序と日本の役割を構想するための有識者懇談会」（21世紀構想懇談会）の座長代理は、政権の集団的自衛権行使容認に道筋をつけた「安保法制懇」と同じ、北岡伸一氏であった。二〇一五年にＪＩＣＡの理事長に就任している。

日米関係の際限のない深化へ

京都大学の佐伯啓思《さえきけいし》名誉教授（社会思想史）にも「七〇年談話」の感想を尋ねた。一九八〇年代半ば以降、保守派の代表的な論客であり続けている学識である。

「私は集団的自衛権の行使容認も、安倍首相も支持する立場です。ですが、この談話は恐ろしい。なぜって、第一次大戦を経験した西洋は、特にアメリカのウッドロー・ウィルソン大統領の主導で世界は平和を志向していたのに、日本はそれを読み取れず、国際秩序への挑戦者になってしまったという、アメリカの歴史観そのものじゃないですか。

ウィルソンの理想主義というのは、もともと第一次大戦に参戦する口実だったんです。自国領土を攻撃されてもいないのに、英仏への貸し付けが焦げ付くかもしれないから参戦だ、では大衆を鼓舞できませんからね。それ以来、アメリカの戦争は常に理想的な価値を掲げ、グローバリゼーションを貫く自由と民主主義という道徳的な善と、これを破壊せんとする悪との戦いという、あたかもハリウッド映画のような装いがこらされてきた。七〇年談話は、彼らのそんなスタンスそのものです」（前掲「戦争経済大国への妄想ふたたび１／吉田松陰の幻影」）

正反対の立場であるはずの山田氏と佐伯氏二人の見解が、どこか重なっても見えてくるのは、どうしてだろう。共通するのはグローバリゼーション、あるいはアメリカに対する評価、さらには安倍政権による、日米関係の際限のない深化を躊躇《ためら》わない外交姿勢への懸念であった。

安倍氏は「戦後七〇年談話」で、こんな国際紛争も、わが国はいかなる紛争も、力の行使ではなく、平和的・外交的に解決するという原則を守り、世界に働きかけていくと言ったのに続けて、「唯一の戦争被爆国として、核兵器の不拡散と究極の廃絶を目指し、国際社会でその責任を果たしてまいります」。

ただし三年後の二〇一七年一〇月、彼の政権は前言をいとも簡単に反古《ほご》にした。国連総会第一委員会(軍縮担当)に二四年連続で「核兵器廃絶決議」を提案したものの、賛成国が一四四カ国にとどまり、前年よりも二三カ国も減少した。核保有国である米英仏の同意は得られたが、オーストリアやブラジルなどを中心に、前年の賛成から棄権に転じた国が一五カ国も出た結果だった。

理由は大きく、①この年の七月に採択されたばかりの核兵器禁止条約を無視した、②核兵器の非人道性に関する表現を大幅に弱め、「核のない世界」というより核拡散防止条約(NPT)の完全履行を求めるニュアンスばかりを印象づけた——の二点だと伝えられた。米露英仏中の五カ国以外に核兵器の保有を認めないNPTには、その独占を固定化している側面が伴うのは常識だ。〝核クラブ〟と揶揄《やゆ》されがちな所以であり、とすればなおさら、唯一の被爆国でありながら核兵器禁止条約にそっぽを向き、アメリカの顔色だけをうかがった日本の提案は、「核兵器廃絶」の理念とかけ離れ、軽蔑の対象にしかなり得なかったということになる。被爆地・長崎の田上富久《たうえとみひさ》市長は、「まるで核保有国が出した決議かのような印象」とコメントしていた。

第３章　虚構の「明治礼賛」とこの国のゆくえ

明治には汚職もなかった？

歴史を学ぶのはよいことだ。とりわけ近代史は重要である。ただし当然のことながら、歴史にはさまざまな側面があるので、学ぶ者は心して、それぞれの側面に目を配りながら勉強し、その上で自らの態度を決めていくべきだと考える。

少なくとも現在の、政府主導による〝明治一五〇年〟キャンペーンは礼賛一色でしかない。明治の歩みをある種の成長物語として捉える自意識が、いわゆる指導者層だけでなく、幅広い層で共有されているからこそ成立したプロパガンダだ。

「明治」の自画自賛は周辺諸国――とりわけ韓国や北朝鮮、中国、台湾、国内でも沖縄の人々との関係にとって、プラスになることは決してない。日本の帝国主義に戦場とされ、さらには植民地支配までされた国や地域の人々にとって、日本の〝成長物語〟など、災厄でしかなかった。そんなものを自画自賛する態度が、独り善がり以外の何物でもないのは自明である。

司馬遼太郎という作家はあまりに罪作りだった。もともと一定以上の階層の間に根強くあった明治幻想を一般に広め、定着させたのは、一九六八年に発表された『坂の上の雲』をはじめとする彼の小説やエッセイの数々に他ならない。面白さが第一のフィクションを、丸ごと史実と信じ込む未熟なファンの責任のほうが大きいのは確かにせよ、明治を愛し過ぎた司馬は、たとえば一九八六年にNHK教育テレビ(現・Eテレ)で放送された「雑談「昭和への道」」で、あの時代には汚職もなかった、とさえ語っていた(司馬遼太郎『「昭和」という国家』NHK出版、一九九八年)。

> 近代というものは、ひとつの「公」のため、みんなが一所懸命やることが肝心なのです。役人たちは安い給料に甘んじる必要があります。江戸時代の役人や、明治の役人の姿がいいですね。
>
> たとえば釜石や八幡に大きな製鉄所をつくって、近代化のために鉄をつくる。大きな国家資本を投下しましたが、たれもそれを途中で食わなかった。
>
> 明治時代では井上《いのうえ》馨《かおる》(一八三五〜一九一五)の汚職が騒がれたくらいで、どこそこの中学の校長先生が裏入学させたとか、そんな話はあまり聞いたことがなかった。
>
> そういうことがないことが、国家主導の資本主義社会をつくるうえでは非常に大事でした。

明治時代にも汚職は珍しくなかった(明治期の汚職については、事件・犯罪研究会編『明治・大正・昭和 事件・犯罪大事典』東京法経学院出版、一九八六年/三好徹『政・財 腐食の一〇〇年』講談社、二〇〇四年など参照)。よく知られているもののひとつに、山城屋《やましろや》和助《わすけ》事件がある。長州出身の山城屋(本名は野村三千三《みちぞう》)という御用商人が、陸軍省から無担保で借用した巨額の資金を生糸相場に投じて失敗し、返済できず、一八七二(明治五)年に割腹自殺した事件だが、ここには陸軍卿だった山縣有朋《やまがたありとも》(一八三八〜一九二二)が深く関与していた。元長州藩士の山縣にとって同郷の山城屋はスポンサーのような関係で、公金を流したのも、自害を迫ったのも山縣だったと伝えられ、引責辞任を余儀なくもされたが、結局、真相は闇に葬られている。

日糖事件も有名だ。日清戦争後に割譲された台湾の産業保護のため制定された「輸入原料砂糖戻税」による輸入規制を延長させる目的で、渋沢栄一(一八四〇〜一九三一)の創業した日本精糖の取締役らが二〇人の有力代議士を買収した。一九〇九(明治四二)年に起訴された関係者の大部分が有罪となっている。当時の社長は短銃自殺した。

一八八一(明治一四)年の、いわゆる「明治十四年の政変」のきっかけになったのが、開拓使官有物払い下げ事件である。北海道開拓使長官の黒田清隆(一八四〇〜一九〇〇)が船舶や倉庫、農園、炭鉱、ビールや砂糖の工場などを政商・五代友厚の関西貿易商会に破格の安値で払い下げると決定。政府内外の批判を浴びて断念されたが、同様の問題は、開拓使が廃止されて北海道庁に再編された後も横行した。黒田は元薩摩藩士だった。山城屋和助事件と同様に、この事件も逮捕・起訴には至っていない。ただ、それは犯罪に当たらなかったからというよりは、封建制そのものは打破されたとはいうものの、薩長の藩閥政治に代表される、新しい支配階層が構築された中で、権力者の犯罪は見逃されたというだけの話ではなかったか。

〝明治一五〇年〟に学ぶとすれば

当時の言葉で言う〝貪官汚吏《たんかんおり》〟の権化《ごんげ》と囁《ささや》かれたのが井上馨だ。西郷隆盛に「三井の大番頭」と揶揄されたほど、三井財閥と結託していた元長州藩士の悪行は、さすがの司馬遼太郎も看過できなかったらしい。

尾去沢《おさりざわ》銅山事件は、汚職というより疑獄であった。一八七一(明治四)年に大蔵大輔《たいふ》(現在の事務次官に当たる)だった井上は、御用商人・鍵屋村井茂兵衛《もへえ》に多額の金銭の返済を迫った。村井が南部藩に借財したとする証文は確かに存在したが、事実は逆だった。村井は財政難に陥った藩にイギリスのオールト商会から金を借りてやり、仲介したのに過ぎなかったのだが、このような場合、殿様の名誉を守るため、正反対の証文を作成するのが封建時代の習わしだったのだ。

それでも井上は容赦しなかった。返済できぬならと、村井家が所有していた尾去沢鉱山(現在の秋田県北東部)を没収し、だが政府による経営は困難だからと言い、これも長州出身の御用商人・岡田平蔵に安く払い下げようとした。当時は大蔵省にいて、後に三井物産の設立に関わり、三井家の大番頭にもなっていく益田孝とも近しい関係にある男だった。

時の司法卿・江藤新平(一八三四〜七四)はこの強盗のような行為を許さず、井上は失脚したが、その江藤が「明治六年の政変」(一八七三年)に敗れて下野すると、やはり江藤に追われていた山県有朋とともに復権を果たす。事件は翌七四(明治七)年の村井家による提訴で公になったが、木戸孝允《たかよし》(一八三三〜七七)や伊藤博文ら長州閥の工作で司直の手は井上に及ばず、鉱山の返還も認められなかった。井上は件の証文を誤読したとの理由で罰金三〇円だけを命じられている。尾去沢鉱山は紆余曲折を経て、結局、三井ではなく三菱財閥のものとなった。

いわゆる明治の元勲たちの中でも、この井上と山縣は極端にタチが悪かったようである。井上は幕末に藩命でイギリスに密航留学した〝長州五傑〟のひとりで、復権後は外務卿や大蔵卿、内務大臣などを歴任。鹿鳴館《ろくめいかん》を設立して極端な欧化政策を進めたのは外務卿時代だ。大日本帝国憲法の起草にも関わり、引退後は元老となって政界に君臨した。一九一四（大正三）年に第一次世界大戦が勃発した際には、元老会議で参戦論を説いた。「日本国運の発展に対する大正新時代の天佑《てんゆう》」との発言が残っているが、はたしてこの戦争を機に、日本の貿易収支は飛躍的に伸びていった。「三井の大番頭」らしい戦争観だった。

一方の山縣は、吉田松陰の松下村塾に学んだ。ヨーロッパの軍政を視察して、維新後に陸軍の創設と徴兵令を推進。復権後は軍人勅諭の発布など軍政の整備に務め、内務卿や首相、枢密院議長を歴任した後、元老として政界を支配した。

井上と山縣は、また大山巌《いわお》や松方正義らとともに一九一〇（明治四三）年に「彰明会《しょうめいかい》」を創設している。薩長や土佐藩出身の元老・華族を中心とした維新史の資料収集および編纂を目的とする団体で、翌一一（明治四四）年には官営事業「維新史料編纂会」へと発展した。井上は初代総裁にも就任している。

何のことはない。この間に私たちが聞かされてきた近代史の体系も娯楽作品の多くも、彼らが編んだ『大日本維新史料』などに基づいていた。「歴史にとっては、事件の経過などはどうでもいい。歴史は常に遂行者、完成者の側に立つものである」という一九世紀ドイツの劇作家フリードリヒ・ヘッベルの名言は、ここにも生きていた。

「明治」に学ぶというなら、こうした官製の歴史が黙殺してきた側面にも、強い光が照射されなければならないはずである。あったことをなかったことにし、権力にとって都合の悪くなった者は始末する。山縣有朋や井上馨および藩閥の振る舞いや、その後の顚末《てんまつ》における精神風土は戦後民主主義と呼ばれた時代も息絶えることがなく、現代の安倍政権において、なるほど完全復活を遂げつつある。確かにこの点、彼らは明治に倣っている。

森友学園や加計《かけ》学園をめぐる首相とその周辺の動きなどの詳細は、今さら繰り返すまでもないだろう。好戦的かつ差別的な暴言の数々もしかり。二〇一八年七月には、オウム真理教事件の麻《あさ》原彰晃《はらしょうこう》以下合計七人の死刑執行が翌日に予定されており、数日後には二〇〇人を上回る犠牲者を出すことになる西日本豪雨の襲来が十分に予測できていたのにもかかわらず、安倍首相と上川陽子法相、および取り巻きの自民党国会議員らで「赤坂自民亭」と称する大宴会を催していた厚顔……。

「人類館」の時代と琉球支配

「人類館」事件をご存じだろうか。一九〇三（明治三六）年に政府が大阪で開催した「内国勧業博覧会」に「学術人類館」なるパビリオンが設置され、当初は「北海道アイヌ、台湾の生蕃《せいばん》（漢民族に同化していなかった高砂族）、琉球、朝鮮、支那、印度、瓜哇《ジャワ》等七種の土人を傭聘《ようへい》し其の最も固有なる生息の階級、程度、人情、風俗、等を示すことを目的とし各国の異なる住居等の模型、装束、器具、動作、遊芸、人類、等を観覧」(趣意書より)させる予定だったが、中国人は事前の清朝からの抗議、朝鮮人は開会直後のやはり外交ルートによる抗議で、また沖縄県民(琉球人)については、『琉球新報』の創刊に参加し、〝沖縄ジャーナリズムの源流〟と言われた太田朝敷《ちょうふ》らの大々的なキャンペーンが功を奏して、それぞれ〝展示〟が取り止められた。人類館事件とは、それら一連の事実を指している(『琉球新報』二〇一六年一〇月二二日付朝刊)。

〝展示〟が計画されていた七民族のうち、アイヌ、台湾、琉球、朝鮮の人々については、この時すでに日本の植民地支配の下に置かれていたことに留意されたい。残る中国、インド、ジャワにしても、明治政府が野心を持っていたか、後に実際に占領することになる地域だった。

明治日本によるアジア各国への侵略は陰惨を極めた。殊《こと》に朝鮮半島での蛮行は凄まじく、一八九五(明治二八)年の一〇月にはロシアと結んで日本の勢力を排除せんとした閔妃《ミンビ》(一八五一~九五。李氏朝鮮第二六代王・高宗の正妃)を、長州出身の軍人で当時は在朝鮮国の特命全権公使だった三浦悟楼《ごろう》(一八四七~一九二六)らが虐殺する事件まで発生しているが、詳述する紙数はない。現代における重大な〝国内〟問題に直結し、それゆえにかリベラルな言論空間でもほとんど論じられることのない、琉球支配への一端だけを述べておく(又吉盛清《せいきよ》『大日本帝国植民地下の琉球沖縄と台湾――これからの東アジアを平和的に生きる道』同時代社、二〇一八年/松島泰勝『琉球独立論――琉球民族のマニフェスト』バジリコ、二〇一四年/後多敦《しいただ》『琉球救国運動――抗日の思想と行動』出版舎Ｍｕｇｅｎ、二〇一〇年など)。

いわゆる琉球処分(琉球併合)が成立する過程に、台湾出兵があった。一四二九年(日本では室町時代）に第一尚氏《だいいちしょうし》の三山統一（沖縄本島にあった北山、中山、南山の各王朝の統一）によって成立したとされる琉球王国は、やがて宮古島から与那国《よなぐに》島に広がる先島諸島や、奄美《あまみ》群島にまで勢力を拡大。その後は明や清に朝貢《ちょうこう》する冊封《さくほう》国であると同時に、薩摩藩に侵略された付庸《ふよう》国でもあるという曖《あい》昧《まい》な体制が続いたが、一八七一（明治四）年三月に発生した宮古島島民遭難事件が、明治政府にとっての〝神風〟となった。

　宮古島から本島の首里に年貢を運んだ帰路にあった琉球御用船が、台風に伴う暴風で遭難した。役人を含む乗員六六人は台湾南部に漂着したが、先住民に拉致《らち》され、うち五四人が殺害された。明治政府は尚泰《しょうたい》王に琉球の支配権を認めていた清国との賠償交渉に入ったが、〝管轄地域外の事件〟だと突き返されたのを奇貨として、一八七四（明治七）年五月、台湾出兵がなされた。

　日清両国はその後、イギリスの駐清公使T・ウェードの斡旋《あっせん》もあって和議を進め、日清両国互換議定書が締結された。清がこの議定書で日本軍の行動を容認した結果、琉球の日本帰属も国際的に承認された形となった。

　前後して明治政府は、一八七一（明治四）年に始まった廃藩置県で琉球王国を「琉球藩」とし、尚泰王を華族に列した。清との冊封関係の解消を迫り続け、七九（明治一二）年には、軍事力で威圧して首里城の明け渡しを命じ、琉球藩の廃止および沖縄県の設置を強行したのだった。尚泰王は東京での生活を命じられ、一九〇一（明治三四）年に没するまで政府の監視下に置かれた——。

　台湾に対する明治政府の野心は、後に日清戦争後の一八九五（明治二八）年に締結された講和条約（下関条約、馬関条約ともいう）で果たされる。かの地が清国から割譲されることになったのだ。

朝鮮の独立確認や賠償金の金額、日本の最恵国待遇、沙市・重慶・蘇州・杭州の開市・開港、台湾西方の澎湖《ほうこ》諸島、旅順や大連のある遼東半島の割譲も決められたが、調印直後にロシア、ドイツ、フランスによる三国干渉で遼東半島の返還を求められ、日本はこれを受け入れた。

帝国主義下の琉球人

日本の沖縄県民とされた琉球人たちは、地理的に近い割譲後の台湾植民地支配の先兵となった。まず抗日の武装蜂起を鎮圧する巡査や隘勇《あいゆう》（「生蕃」を山地に追い詰めて柵の中に囲い込み、動けないよう監視する要員）、続いて鉄道や港湾、道路を敷設・建設する土木労働者や皇民化教育を担う教員、日本人兵士や民間人の相手をする〝琉球女〟などとして……。

一九〇七（明治四〇）年に一〇〇〇人とされた琉球人渡台者は、かくて急増。三〇（昭和五）年に五〇〇〇人、敗戦時には三万人前後にも達したという。彼らは台湾でも差別や偏見の対象とされ、ために〇八年には中央政府の負担軽減の意味も込めた、台湾総督府による沖縄併合の構想さえ浮上した。北の北海道に対する南洋道という位置づけが関心を集めた。各方面の反発を買い、間もなく忘れられたが、沖縄大学の又吉盛清名誉教授（沖縄・東アジア地域研究）は、この間の経緯について、次のように表現している（前掲『大日本帝国植民地下の琉球沖縄と台湾』）。

琉球沖縄人には当時、一等国民といわれた「正当な日本人」であることを証明するために、台湾人の弾圧や同化教育の先頭に立つ「琉球人」の教員や巡査などが多く輩出した。〔中略〕

結論的に述べれば、大日本帝国の「台湾出兵」と「琉球処分」の最後の帰結は、沖縄人もまた侵略戦争と植民地支配の日本近代史の中で、琉球王国時代の平和主義を基調としてきた善隣友好の「小国の論理」を投げ捨てて、大日本帝国の侵略戦争と植民地支配の「大国の論理」に手を貸して、沖縄戦まで琉球沖縄が台湾、中国、朝鮮、韓国と東アジア侵略の役割を果たしただけでなく、沖縄人も皇軍の兵士となって、多くのアジア民衆の生命と財産を奪い、塗炭の苦しみを与えたのである。その責任は重く、自省あるのみである。

台湾領有の初期に渡台した琉球人労働者の多くは、大倉土木組（現・大成建設）に雇われた。慶応年間に東京・神田の銃砲店として創業された大倉組商会は、維新後の富国強兵・殖産興業に乗じ、台湾出兵、西南戦争、日清・日露の両戦争での軍事物資調達や輸送で財閥へと発展していた。領有後の台湾に最も早く進出したのはこの大倉組で、台湾縦貫鉄道の敷設をはじめ総督府の土木工事を次々に受注。不足しがちな労働力を、西表島《いりおもてじま》沖の内離島《うちばなりじま》での採炭事業などで関係が深く、著しく賃金水準が低かった沖縄から調達することになったのは、自然の成り行きではあった。

大倉土木組は植民地時代の台湾における土木工事をリードし続けた。後に大正から昭和初期にかけては、鹿島組（現・鹿島建設）などとともに南西部の台南市に巨大な烏山頭《うさんとう》ダムと、嘉南大圳《かなんたいしゅう》と呼ばれる大規模な水利システムを完成させている。計画の策定者で現場でも指揮を執った日本人技師の八田與一《はったよいち》は近年、広大な嘉南平野を安定した農地に変えた英雄として讃えられることが多い。〝日本は植民地支配でよいこともした〟などと言われる場合の代表的な人物だ。

鹿島組や清水店（後の清水組、現在は清水建設）の台湾進出は、大倉土木組よりやや遅れた。だが清水店は特に軍部に食い込み、兵舎や飛行場、燃料廠《しょう》などの軍施設を次々に受注していった。台湾を足場にした日本軍の南方侵攻にも同道し、フィリピンやインドネシアでの軍施設建設に邁進《まいしん》。戦後はそれまで繋がりのなかった沖縄で、〝銃剣とブルドーザー〟による米軍基地建設の主力ゼネコンとなっていく。ピーク時には会社全体の総工事量の三四％を米軍関連が占めたという。

繰り返される差別の連鎖

沖縄本島の米軍北部訓練場（東村《ひがしそん》、国頭村《くにがみそん》）のヘリパッド（ヘリコプター離着陸帯）移設工事をめぐり、大阪府警から派遣されていた機動隊のうち二〇歳台の隊員二人が、工事に反対する住民たちに「ぼけ、土人が」と差別そのものの暴言を吐いたのは、二〇一六年一〇月のことである。沖縄で「人類館」の屈辱が再び語られるようになったのは、この頃からだ。日本社会に蔓延《まんえん》する差別意識は当時と何も変わっていない。ちなみに「人類館」のルーツはその四年前の一八八九（明治二二）年に開かれたパリ万博だったと言われる。ヨーロッパでは早くから植民地の人々を見世物に仕立てるショーやイベントが流行していたが、「大人数で構成される社会をそのまま移植し、非西洋社会を社会進化論の階梯《かいてい》の中に位置づけ、かつ「未開社会」展示の大掛かりな仕掛けを国家みずからが用意する」という三点で、従来の見世物小屋とは異なっていたとされるのだ（吉見俊哉『博覧会の政治学――まなざしの近代』講談社、二〇一〇年など）。

このパリ万博を訪れた日本人人類学者が学会誌にその模様を書き、大阪での「人類館」に繋がったという。富国強兵・殖産興業で欧米の帝国主義列強の仲間入りを果たしたとする自意識が、彼らと同じ行動原理を採らせたものか。ただ、筆者にはパリ万博のさらに四年前、一八八五(明治一八)年から八七(明治二〇)年にかけてロンドンの中心部で一〇〇人近い日本人の行動を見世物にする興業「日本人村」が設営されていた史実が気になる(倉田喜弘『一八八五年ロンドン日本人村』朝日新聞社、一九八三年/小山騰『ロンドン日本人村を作った男——謎の興行師タナカー・ブヒクロサン一八三九—九四』藤原書店、二〇一五年など)。後の日英同盟(一九二〇年締結)に連なる友好関係の下で、しかも民間の営利事業でもあったせいか、これを差別と見なした研究はあまり見かけない。だが実際にはどうだったろうか。見下された人間が、自らもより弱い立場の人々をさらに軽んずることで屈辱を晴らした気になるという、ありがちな愚の連鎖が、この時も起きていたのではないか。

もちろん、その種の心理が日本人だけの専売特許でないのは言うまでもない。人類館の計画に最初に気づき、清朝を動かした清国からの留学生たちも、『琉球新報』の太田朝敷にしても、憤りの理由はいずれも、〝なぜ自分たちが下の民族と同列に置かれなければならないのか〟というものだったという。彼らもまた当時の時代背景の下で日本人と同様の差別主義的な眼差《まな》しを共有していた。安倍政権が讃えてやまない「明治」とは、そのような時代でもあった。

福澤諭吉は生きている

ここまでの記述に対して、「明治には素晴らしいところがたくさんあった」という反論が返ってきそうである。それはそうだ。一八八九（明治二二）年に公布され、翌九〇年に施行された大日本帝国憲法だって、維新以降に全国各地で澎湃《ほうはい》として沸き起こった自由民権運動の要求がそれなりには反映されて、立憲制と議会制が明記されたのだから。

その「明治」への改元から一五〇年目を迎えた。しかも本書の冒頭で紹介したように、安倍晋三首相は第二次政権の最初の施政方針演説で、開明的な啓蒙思想家として知られる福澤諭吉の「一身独立して一国独立する」という言葉を引用し、民主主義の理想を訴えていたではないか、この名言は初め、『学問のすゝめ』で発せられたのだ、あの「天は人の上に人を造らず」の……。一八三五（天保五）年から一九〇一（明治三四）年までの六六年間を生きた福澤は名門・慶應義塾大学の創始者だ。〝最高の偉人〟の座にふさわしく、一九八四年からは一万円札の肖像にもなっている。だが、では安倍首相は、明治に学べと語るのに福澤諭吉を持ち出して、民主主義の原点に立ち返ろうと呼びかけたということになるのだろうか。

違うと思う。

> 我日本の国土は亜細亜の東辺に在りと雖《いえ》ども、其《その》国民の精神は既に亜細亜の固陋《ころう》を脱して西洋の文明に移りたり。然るに爰《ここ》に不幸なるは近隣に国あり、一を支那と云ひ、一を朝鮮と云ふ。

有名な「脱亜論」の一節だ（旧字体は適宜、新字体に改め、また適宜、ルビを付けた。以下同）。福澤が一八八二(明治一五)年に創刊した日刊新聞『時事新報』の八五年三月一六日付に掲載された無署名の社説で、近代文明に取り残された清国と朝鮮はこのままでは列強の餌食にされる、そうなれば日本の独立も危うくなるとして、もはや格別の配慮をする必要はない、「正に西洋人が之《これ》(清と朝鮮)に接するの風に従て処分す可《べ》きのみ」と結んでいた。

だったら列強に先んじて日本が支配してしまえ、というのである。戦後の研究で、これがアジア侵略の理論的先駆けになったとする批判がなされる一方で、無署名だったことなどをもって、必ずしも福澤自身の主張ではなかったに違いないとする議論も少なくないが、彼ほどの大物が、主宰している新聞に自らの意に染まない社論を掲げることはあり得まい。後者はいささか無理のある弁解のように思える。

おしなべて評判があまりよくない「脱亜論」については、これ以上は触れない。本章ではむしろ、その背景にあったと思われる福澤の発想あるいは思想——彼をめぐる過去の言説とはかなり異なる——の解読を試みよう。現代の日本で「明治」が礼賛されることの意味を問う以上、その明治政府の「お師匠様」(『時事新報』一八九七年八月二一日付社説「勲章などは御免」)、すなわちブレーンであったと自称し、現実の政官財学界の動きに多大な影響を与えるフィクサーとしての一面も備えていた人物については、そうする必要があるからだ。テキストは『福澤諭吉全集 第一版』全二一巻(岩波書店、一九五八～六三年)、および、安川寿之輔《じゅのすけ》名古屋大学名誉教授(一九三五年生まれ、近代日本社会(教育)思想史)が長年にわたり積み重ねてきた研究成果などである(安川『福沢諭吉のアジア認識——日本近代史像をとらえ返す』高文研、二〇〇〇年/『福沢諭吉の戦争論と天皇制論

——新たな福沢美化論を批判する』高文研、二〇〇六年／『増補改訂版・福沢諭吉と丸山真男』高文研、二〇一六年／雁屋哲作・シュガー佐藤画『マンガ　まさかの福沢諭吉』上・下、遊幻舎、二〇一六年など。また安川氏とは反対の立場にある平山洋『福沢諭吉の真実』文春新書、二〇〇四年も参考にした）。

さて、それらによると、「脱亜論」に限らず、福澤と『時事新報』は朝鮮人や中国人に対してきわめて下品で差別的な言辞を吐き散らしていた。たとえば政府が清国に宣戦布告した直後の『時事新報』一八九四（明治二七）年八月七日付社説「支那軍艦捕獲の簡便法」は、「漫言」であると断りつつ、「今我外戦に当り我海陸軍の盛なる、チャン〱の軍艦を打沈め其陸兵を皆殺しにするは造作もなきことなれども」、〝我に戦わずして勝つ秘策あり〟とする。清国兵を生け捕りにし、その秘策を実行した後で敵陣に返すと、その兵は仲間に話すのだそうな。

> 生捕中、酒も飲めば御馳走もいただき、新調の衣服に、おまけに大枚百円の金をさへ貰《もら》ふたりと云ふ。銭に目のないチャン〱の心事、動くなからんと欲するも得べからず。〔中略〕操江〔清国の軍艦名〕は白旗を立て、素直に降参したるが故に、其乗組一同、命の助かりし上にお金まで貰ふて帰て来た、降参と手向ひとは大きな相場違ひで、白旗の価《あたい》が銘々に百円とは難有《ありがた》ひ、是《こ》りや一番考がへて見ねばならぬと、一人が云へば二人も同案、二人三人次第に伝へて、海戦は降参に限ると〔後略〕

「チャン〱」というのは「チャンコロ」などと同様の、中国人に向けられる古くからの侮蔑語だ。いかに一二〇余年前の戦時下とはいえども、後世の最高額紙幣を飾る〝偉人〟が、昨今のヘイトスピーチまがいの言葉遣いをしていたとは知りたくなかった。『時事新報』はこの他にも、清国人のことを「横浜の小新聞」(一八九四年一〇月二日付)で「豚尾児」、「清朝の覆滅は日本の意にあらず」(一八九五年二月二四日付)では、上から下まで「溝に孑孑《ぼうふら》の浮沈するが如し」とまで罵倒していた。

だからこそ日本人は、つまり福澤のような有名な知識人にまで清国人や朝鮮人に対する差別感情を煽《あお》り立てられたからこそ、近隣諸国への侵略に躊躇《ちゅうちょ》がなくなった。ゆえに外へ外へと勢力を拡大しては、大日本帝国へと〝成長〟していくことが〝できた〟ことになるのではないか。

民主主義への厳しい眼差し

政府の「お師匠様」を自任していただけに、福澤は在野にありながらも、明治の元勲たちと同じような思いを抱いていた。「政府の地位を占めて自から政権を振廻はして天下の治療をしやうと云ふ了簡はないが、如何でもして国民一般を文明開化の門に入れて、此日本国を兵力の強い商売の繁盛する大国にして見たいと斗《ばか》り、夫《そ》れが大本願で」とは、自身が晩年の一八九八(明治三一)年から翌九九(明治三二)年にかけて『時事新報』で連載した「福翁《ふくおう》自伝」の最終章「老余の半生」における総括だ。

ということは、例の「脱亜論」も、やはり自国防衛のためとばかりは言えそうにない。他方、福澤は「大本願」のために国内の体制秩序をきわめて重視する。自由民権運動を常に批判し、薩長藩閥政治を擁護した。江華島事件を経て朝鮮半島に対する日本の勢力が拡大されつつあった一八八一（明治一四）年に福澤が出版した『時事小言』の冒頭は、「天然の自由民権論は正道にして人為の国権論は権道〔正しいとはいえないが、現実的と思われる方便〕なり」と書き出されながら、その論は次のように展開されていく。

唯一方に偏して天然論を唱るは、病者の有るを忘れて医術を廃せんとする者に等しきのみ。畢竟《ひっきょう》政法は悪人の為《ため》に設け、医術は病人の為に備るものなり。〔中略〕

然ば則ち天然の民権論は、今日これを言ふも到底無益に属して弁論を費すに足らず。故に吾輩は、国に政府を立てゝ法律を設け、民事を理して軍備を厳にし、其一切の事務を処する為には大小の官吏を置き、其一切の費用を支弁する為には国税を納め、以て国内の安寧を求むるの説を説く者なり。

二百年外の眼を以て今の有様を見れば、維新の功臣が維新の政府に立ち、全権を以て国事を専《もっぱら》にするも固より理の当然にして、日本国中誰れか一句の否の字を云はん。今の所謂《いわゆる》在野の有志にして参政の権を得んと欲する人物とは抑《そもそ》も何ものぞ。維新有功の人にして偶《たま》ま路に当るを得ず、退て不平を鳴らして政治の一部分に参与せんと欲するが如き者あらば、不平ながらも自から男児の不平にして其理由ありと雖も、顧て其他を見よ。

民主主義者のイメージが崩れていく。己の側にだけ性善説を適用し、民衆は徹底した性悪説で捉えて自由を許さず支配する、ありきたりな為政者の世界観がここにある。あの「天は人の上に人を造らず」も、確かに『学問のすゝめ』の文頭にそう書かれてはいるものの、続く「人の下に人を造らず」が、実は「と云へり」と結ばれていたことが、最近はかなり知られてきたようだ。あくまでも他人の言説の紹介に過ぎないのであって、福澤自身の主張はやはり、自由民権論者たちが打倒を目指したが叶《かな》わなかった、固定化された階級社会を是とするものでしかなかった。

安倍首相の施政方針演説と福澤諭吉

こうなると、安倍首相が施政方針演説で引用した「一身独立して一国独立する」も、なんだか怪しくなってはこないか。従来の一般的な解釈だと、民権論と国権論のバランスの上に成立した、個人と国家が対等の関係にある民主主義社会――のようなイメージだったが、その理解で問題はないのだろうか。

二〇一八年六月、安川寿之輔名古屋大学名誉教授に会って話を聞いた。

――「一身独立して……」は、これまでの福澤諭吉研究で最大の誤読箇所だと指摘されておられるようですが。

「あの言葉はとても魅力的な日本語です、大変に格好がいい。ただ、戦後日本を代表した知識人たちが、字面通りの図式的な把握をしたがために、福澤諭吉についての誤解を広める結果になってしまった。致命的な誤りは、初期啓蒙期の頃の彼が一八七五(明治八)年に発表した『文明論之概略』の終章で、〝国家の独立〟の確保を最上の大目的に設定し、その他の価値は二義的なものだと宣言しているのに、このことを無視したことですね。

「一身独立して……」の本当の意味は、当然ながら、福澤自身の定式、価値体系に拠《よ》らなければなりません。それは同じ『学問のすゝめ』の第三篇に明らかなのですが、彼は民権の確立や一身独立のための課題についてなど何も論じておらず、国家の存在理由を問わないまま〝一国の独立〟を大前提とし、その大目的を達成するには国民個々の〝独立の気力〟が必要だと主張しているだけなのです」

『学問のすゝめ』の「一身独立して……」の項を読み進める。すると確かに、「外国に対して我国を守らんには自由独立の気風を全国に充満せしめ、国中の人々貴賤《きせん》上下の別なく、其国を自分の身の上に引き受け、智者も愚者も目くらも目あきも、各其国人たるの分を尽さゞるを可らず」とあり、「国のためには財を失ふのみならず、一命をも抛《なげうっ》て惜むに足らず。是《これ》即ち報国の大義なり」とあった。

もちろん現代の視点のみをもって過去を断罪するわけにはいかない。だが、だからといって、当時は自らが侵略国家にならなければ欧米列強の帝国主義に屈するしかない運命だったのだ、というだけで済ませてしまうなら、歴史を学ぶ意義などないことになる。そしてこの場合、何よりも問題なのは、欧米列強の侵略が眼前の恐怖だった時代を生きた福澤の思想を、そのまま現代の日本に持ち込もうとする者の意図なのである。

安倍首相の演説を思い出そう。官邸のＨＰで全文を確認しておく必要もある。彼は福澤の言葉を引く前に、こう切り出していたのだ。

「強い日本」。それを創るのは、他の誰でもありません。私たち自身です。

嘘はつかれていなかった。安倍首相は率直に、明治の日本のような国家を形成するために国民よ働け、と求めている。彼は権力の座にある限り、今後もそうあり続けていくのだろう。

――戦後民主主義の代表的知識人と言えば、東京大学の名誉教授だった丸山眞男(一九一四~九六、政治思想史)です。すでに戦前戦中から福澤研究に着手されていて、戦後、現在のような福澤像を定着させることにもなりました。

「リベラル陣営だけにとどまらず、戦後日本のアカデミズムにおける最高権威だった方ですから、本来なら福澤の本質に早くから気づいていなければおかしいような諸先生までが、みなさん、丸山眞男の「典型的な市民的自由主義者」だという福澤評に、右へ倣えしてしまったのですね。日清戦争以降の福澤が帝国主義者に転向したとは丸山も認めていましたが、そういうことでもないんです。福澤という人は、その場その場の状況次第で言うことがコロコロ変わる人ではありましたが、その思想は終始一貫しています。日本のアジア侵略戦争と帝国主義への道のりは、福澤によって先導されたと言っても過言ではありません」

――だとしても、です。そもそも丸山眞男ともあろう人物が、なぜそのような誤読をしてしまったのでしょうか。

「いろいろ考えられます。丸山論文のすべてを読んでいるわけではないので、ここで本質的な丸山論を展開することはできませんが、あえて表象的な部分を善意で捉えると、こういうこともあったのでは。つまり、戦後の日本にアメリカン・デモクラシーが一気に流れ込んできた時代に、民主化に向かおうとする日本の民衆を励ましたかった、いや、わが国にだって昔から民主主義の萌芽はあったんだよ、と。

それにしても、安倍首相の演説です。あれは福澤諭吉の思想が彼ら自身とほぼ同じであることを示している。ところが一般の国民は福澤を民主主義の先駆者と誤解しているため、安倍首相たちが福澤を持て囃《はや》す意図がわからないのでは。自民党は何もかもわかってしまっているんですね」

虚構の「明治礼賛」に未来はない

振り返れば五〇年前の一九六八(昭和四三)年の年頭を迎えるに当たっての記者会見でも、安倍首相の大伯父に当たる佐藤栄作首相(当時)がやはり福澤の「一身独立して……」の箇所を持ち出していた。会見の内容を伝えた『朝日新聞』(同年一月一日付朝刊)によれば、佐藤はその節の一条を抽出して、「[福澤は]「独立の気力なき者は、国を思うこと深切ならず」といっている。ところが昨年の国会で、私が「みずから国を、みずからの手で守る気概を持つべきだ」といったら、ずい分論争を呼び安保体制論にまで進んだ。明治のはじめの人たちの国家意識と、いまの国会論議とでは雲泥の差があるのではないか」と述べたという。

そう、あの一九六八年にも政府は、〃明治一〇〇年〃を大々的に祝った。今回ほどには帝国主義の再評価じみた企図は感じられず、敗戦で失われた自信の回復、さらには〃愛国心〃の涵養《かんよう》に重点が置かれていた印象だが、一〇月二三日の記念式典をはじめ、やはり凄まじい情熱をもって、多彩なイベントが展開され、国民運動のようなムーブメントが演出されたものである。

激動の時代であった。ベトナム反戦運動の高まり、プラハの春、文化大革命、パリ五月革命、日本でも安保闘争前夜……という国内外の情勢のもとで、とりわけ知識層の反発は根強く、歴史学者らを中心とする五四の学会が批判声明を出した。労働組合や市民団体の抵抗も今回とは比較にならないほどだったが、国策はやはり強力だ。〃明治一〇〇年〃は、この四年前の東京オリンピックの開催と東海道新幹線の開通、二年後の大阪万博などとも連動して物質文明万能の社会心理を大いに盛り上げたと同時に、「戦後」という時代区分のあり方や価値基準に、相当の冷や水を浴びせたとも言われる。

話を現代に戻す。〃明治一五〇年〃に先立つ二〇一五年八月一二日。安倍首相は地元・山口市内で開かれた「内閣総理大臣を囲む会」で講演し、「明治五〇年が寺内正毅《まさたけ》、一〇〇年が佐藤栄作。私が〔今後の総裁選で〕頑張って、平成三〇年まで行けば、〔明治一五〇年も〕山口県出身の安倍晋三が首相ということになる」と語った。維新以降の一世紀半にもわたって、節目の年はすべて長州閥で、というわけだ。

かりそめにも現職の首相である。地元へのリップサービスで済まされる話ではない。だが藩閥による支配の系譜は、そのまま現実であり続けている。

> 日本の社会に於て事を為す者は古来必ず士族に限り、乱に戦ふ者も士族なり、治に事を執る者も士族なり、近くは三十年来西洋近時の文明を入れて其主義を世間に分布し、又維新の大業を成して爾後新政を施したる者も、士族ならざるはなし。所謂百姓町人の輩は唯《ただ》これを傍観して社会の為に衣食を給するのみ。之を人身に譬《たとえ》れば百姓町人は国の胃の腑にして、士族は其脳の如く又腕の如きものなり。〔中略〕胃の腑の功用固《もと》より大切なりと雖ども、胃の健康のみを保て脳と腕との力を逞《たくまし》ふする能《あた》はざるものは、之を評して活発の人と云ふ可らず。獣類にすれば豚の如きものなり。故に今我国に士族の気力を消滅するは恰《あたか》も国を豚にするものにして、国権維持の一事に付き其影響の大なること論を俟《ま》たずして明なり。

先にも引いた『時事小言』には、福澤諭吉のエッセンスが詰め込まれているかのようだ。弱肉強食、適者生存の新自由主義グローバリズムに呑《の》み尽くされゆく世界にあって、世襲だらけの安倍自民党がこれから日本の何をどうしようとしているのかがよくわかる。政治権力を私物化し、まるで先祖伝来の家業でもあるかのように継承し続ける自意識の肥大化は、とりわけ安倍首相の一族に顕著である。彼の母親で岸信介元首相の娘である安倍洋子氏（一九二八年生まれ）が、『文藝春秋』二〇一六年六月号のインタビューで、その前年に安保法制を可決・成立させた息子について、一九六〇年に日米安保条約の改定を強行した岸氏を引き合いに出して、「父と同じように国家のために命を懸けようとする晋三の姿を見ていると、宿命のようなものを感じずにはいられませんでした」と語っていた。記事のタイトルは「晋三は「宿命の子」です」だった。

この種の勘違い人間にとって、藩閥政治を正当化した福澤の主張は実に都合がよい。彼はダーウィンの従兄弟《いとこ》で、人間社会を進化論のロジックで説明していく社会ダーウィニストないし優生思想の持ち主だったフランシス・ゴルトン(一八二二〜一九一一)を援用して、こんなことまで書いていた。

如何に牽強付会《けんきょうふかい》の説を作るも、人の身体の強弱には天賦あり、心の強弱は天賦なしとの口実はなかる可し。畢竟世の教育家が其教育奨勧の方便の為に事実を公言するを憚《はばか》り、遂に天賦論を抹殺して一般に之を忘れたるものなり。固より愚民多き世の中なれば、無天賦論の方便も時としては可ならんと雖ども、事実を忘れて之が為に遠大の処置を誤るは憂ふ可きの大なるものと云ふ可し。抑《そもそ》も人生の天賦に斯く強弱の差あるは決して偶然に非ず、父母祖先の血統に由来するものにして、草木の種子、魚鳥の卵、種馬、種牛等の事実を見て証《あか》す可し。

社会ダーウィニズムのロジックは、権力や資本のあらゆる蛮行を正当化してしまえるように見えやすい。帝国主義、侵略戦争、民族差別、労働者の搾取、障害者の〝安楽死〟政策、不妊手術、世襲による支配……。福澤諭吉に代表された明治の日本の思想潮流は、この悪魔の思想をアジアで最も早く受容し、わがものとして、周辺諸国に対する優越意識を肥大化させながら近代化を進めていったが、そのことは必然的に、先達としての欧米列強の絶対的優位を認めるしかない軛《くびき》を伴った。ゆえに蓄積されるコンプレックスの反動が暴発したアジア・太平洋戦争の一時期を例外として、そのことは現代に至ってもなお日本人の心性を規定し続けている。政治や経済、市民生活の現実と、第2章で取り上げた元外交官・岡崎久彦氏や安倍首相のアングロ・アメリカ信仰とも言うべき態度は、そうした実態をきわめてわかりやすく示しているとは言えまいか。

新しい「小日本主義」で支配・被支配の構造からの脱皮を

岡崎氏の主張の前提になっていた「資源の乏しい島国」という自国への認識は正しい。さらに言えば、日本は国土が狭く、地震国で、ひっきりなしに台風などによる水害に見舞われる。何よりも少子高齢化が進む一方だ。大国でいられる要素など、何ひとつありはしないのである。無理をしようとするから他国に暴虐の限りを尽くした挙げ句に焼け野原にされ、アメリカへの隷属構造が、今、この時代により深化させられようとしているのだ。

新しい「小日本主義」を構築していく以外には、この国に未来はないと、筆者は考えている。

「小日本主義」とは、日露戦争の前後から大正の前期にかけて、幸徳秋水《こうとくしゅうすい》（一八七一～一九一一）や安部磯雄（一八六五～一九四九）、内村鑑三（一八六一～一九三〇）、三浦銕太郎《てつたろう》（一八七四～一九七二）らが藩閥政治による帝国主義に抗《あらが》って提唱した思潮だ。ルーツは自由民権運動家だった中江兆民《なかえちょうみん》（一八四七～一九〇一）の「小国主義」とされる。三浦の愛弟子で、この思想を発展させた石橋湛山《たんざん》（一八八四～一九七三）は一九五六年に首相にも就任したが、病に倒れ、在任わずか六五日間での退任と、副首相格の外相だった岸信介への後継指名を余儀なくされ、今日の安倍政権への道筋をつける結果を招いてしまう。

筆者が「小日本主義」にあえて「新しい」の形容を加えたのは、三浦らの考え方が、武力による膨張には異を唱えても、他国に対する経済的な支配というベクトル自体は否定していなかったことによる。なるほど経済成長はみんなが幸福になるための有効な〝手段〟になり得はする。だが日本では絶えず、これを手段ならぬ〝目的〟として捉えてきた。だから人権や生命、尊厳、人倫といった重要な価値が、時にこれを阻害しかねない要因と見なされ、忌むべき対象とされる。「この道しかない」「日本を、取り戻す」などという馬鹿げた絶叫が罷《まか》り通るのだ。もうそろそろ私たちは、武力によろうとよるまいと、支配・被支配という社会構造からの脱皮と、真の成熟とを、本気で目指してもよい時期なのではあるまいか。

二〇一八年六月、日本の近代史を民衆の視点から描いてきた作家・井出孫六氏（一九三一年生まれ）に会った。氏には『石橋湛山と小国主義』（岩波ブックレット、二〇〇〇年）という著作もあり、近代化についてこんな指摘をしていた。「振り返ってみれば、日本は黒船の衝撃からわずか五十年にして、西欧列強に伍《ご》して植民地争奪の列に加わり、松陰が「幽囚録」に描いた誇大妄想ともいえる青写真の過半を現実のものとしていたのである。しかも、多くの人びとがその現実に疑いをはさむことはなかっただけではなく、酔い痴れてさえいたといえなくはない」

筆者の取材に、井出氏は語った。四歳五カ月の時に長野県南佐久郡の郷里で聞いた二・二六事件のラジオ報道のこと、祖父が中江兆民から贈られたと思《おぼ》しき「民　重　為」と墨で書かれた額装が茶の間に飾ってあった記憶、一九四〇年の夏休みに帰宅し、門の鍵を開けたとたんに特高警察が押し入って来て、帰省していた三番目の兄が逮捕されてしまった体験……。

「私は昭和しか生きていませんが、大学を出て小・中・高、大学などで教鞭《きょうべん》を執りながら研究してきた限り、明治という時代は半ばまでこそ新しい時代の幕開けに向けた期待があったが、日清・日露の戦争での勝利を境に、多少なりとも萌芽しつつあった民主主義の息の根が止められてしまったように思えてなりません。明治三〇〜四〇年代は帝国主義と言ってしかるべきでしょう。

石橋湛山は大正一〇（一九二一）年の段階で、週刊経済誌『東洋経済新報』に、台湾と朝鮮に独立を認めるべきだ、満州も放棄せよとする重要な社説「一切を捨つるの覚悟」を書いています。彼は未来を見据えていた。その後の昭和は、社会全体がそうした眼力を失っていった時代ではないでしょうか。湛山に代わって総理大臣になった岸は、あの頃の日本にとっての最大の課題——中国に対する負い目を解消すること——と決して向き合おうとしなかった。アメリカとの関係ばかりを最優先にして歯車を回していった。私たちはもう一度、石橋湛山のような眼力を養っていかなくてはなりません。安倍晋三さんのような〝いい調子〟ではいけないと思うのです」

一人の日本人としての筆者には、懸命に生きた明治の先人たちがあくまで愛《いと》おしい。綺麗事《きれいごと》だけでは生きていけないのは、古今東西の変わらぬ真理でもある。だが私たちが獣ならぬ魂を湛《たた》えた人間である以上、開き直ってしまうわけにはいかない。私たちの国は、植民地にはされずに済んだ代わりに、かけがえのないものを失い、あまりに多くの人々を傷つけ過ぎている。悲しい近代史を経て、現代の私たちがまず為すべきは、「明治」を取り戻すことなどでは断じてない。〝明治一五〇年〟の間に溜《た》まりに溜まった負の遺産の清算なのである。

斎藤貴男

1958年生まれ．ジャーナリスト．早稲田大学商学部卒業．英国バーミンガム大学修士(国際学MA)．新聞記者，月刊誌編集者，週刊誌記者を経てフリー．主な著書に『ルポ改憲潮流』(岩波新書)，『ジャーナリストという仕事』(岩波ジュニア新書)，『民意のつくられかた』『機会不平等』(以上，岩波現代文庫)，『安倍改憲政権の正体』(岩波ブックレット)，『戦争のできる国へ――安倍政権の正体』(朝日新書)，『「あしたのジョー」と梶原一騎の軌跡』(朝日文庫)，『戦争経済大国』(河出書房新社)など．『「東京電力」研究 排除の系譜』(講談社，角川文庫)で第3回いける本大賞受賞．

「明治礼賛」の正体　　岩波ブックレット 986

2018年9月7日　第1刷発行
2020年12月4日　第4刷発行

著　者　斎藤貴男《さいとうたかお》

発行者　岡本　厚

発行所　株式会社 岩波書店
〒101-8002 東京都千代田区一ツ橋 2-5-5
電話案内 03-5210-4000　営業部 03-5210-4111
https://www.iwanami.co.jp/booklet/

印刷・製本　法令印刷　　装丁　副田高行　　表紙イラスト　藤原ヒロコ

ISBN 978-4-00-270986-4　　Printed in Japan